MAIGRIR

Le régime d'épargne protéiné

Ce livre est une réédition
du livre *Mincir les clés de l'équilibre*
paru en 2004 aux Éditions Jacques-Marie Laffont
avec la collaboration de Caroline Charlier.

Dr Tran Tien Chanh

MAIGRIR

Le régime d'épargne protéiné

Éditions Santé la Vie

À mes enfants Dimitri et Paco Tran Tien
Tran Tien Chanh

À mon fils Kalani Tanty
Caroline Charlier-Tanty

AVANT-PROPOS

J'exerce la médecine depuis 18 ans à Paris. Il y a 15 ans, je me suis intéressé à la nutrition et plus particulièrement au problème de poids.

Je ne me doutais pas alors que j'allais entre-prendre une passionnante aventure profession-nelle, mais surtout personnelle.

Ce livre n'est pas seulement le fruit d'une quinzaine d'années d'expérience, mais avant tout l'aboutissement d'une écoute attentive et sincère.

J'ai davantage appris auprès de mes patients que sur les bancs de la faculté.

Ma démarche est constamment guidée par l'idée que l'on accepte uniquement ce que l'on comprend. C'est la raison pour laquelle j'ai voulu faire un livre de réflexion et non de vulga-risation d'une énième méthode d'amaigrisse-ment en vogue.

En quinze années d'expérience et plus de 20 000 patients traités, j'ai eu bien des succès. Mais, ce sont les échecs qui m'ont le plus apporté. Ils m'ont obligé à me remettre en permanence en question et donc d'évoluer sans cesse.

Mes propos d'hier ne sont plus les mêmes que ceux d'aujourd'hui, qui ne seront probablement pas ceux de demain.

Au moment d'achever cet ouvrage, mes pensées vont à mes patients auprès desquels j'ai appris la différence entre avoir et être, complaisance et compassion, besoin et plaisir. Patients grâce auxquels j'ai compris qu'il ne pouvait y avoir d'équilibre sans plaisir.

REMERCIEMENTS

Je remercie en premier lieu Caroline Charlier-Tanty. Son travail de documentation remarquable, la fluidité de son écriture et la pertinence de ses réflexions m'ont aidé à élaborer les trois premières parties du livre.

Je remercie les Éditions Jacques-Marie Laffont pour la confiance qu'ils ont eue en ce travail.

Mes pensées vont enfin à tous ceux qui me sont chers.

Tran Tien Chanh.

Je remercie le Dr Tran Tien Chanh pour son amitié et sa confiance, pour m'avoir offert la possibilité de participer à la réalisation de son projet.

Notre collaboration a été une grande et enrichissante aventure.

Merci également à Sylvie Godet, dont l'écoute attentive, ferme et régulière m'a aidée à mener à bien mon travail.

Toutes mes pensées vont à Kito, mon mari, pour ses encouragements répétés, sincères et affectueux, ainsi que pour son aide logistique quotidienne. Maruru roa.

Caroline Charlier-Tanty.

Les auteurs tiennent à remercier très chaleureusement Jiri Tylecek, dit Tylek, pour les avoir autorisés à utiliser l'image de son tableau, *Femme au miroir*.

*L'intellect pur n'a jamais rien produit d'intelligent,
ni la raison pure, rien de raisonnable.*

Friedrich Hölderlin (1770–1843).

PRÉAMBULE

Ce que je sais de la beauté des femmes

Le lac des cygnes

J'ai fait un rêve.

Une brume légère flotte au-dessus d'eaux endormies, parfois troublées par la chasse de quelques poissons. Des cygnes glissent doucement, entre les joncs qui bordent les rives, vision fantasmagorique de ce paysage. Je me trouve au nord du Vietnam, aux bords du Lac de L'Épée à Hanoi. Il est six heures, la ville se réveille lentement. Des effluves subtils de coriandre et de papaye se mélangent à l'odeur plus lourde de la terre humide et des marécages. Bientôt, à l'ouverture des marchés, ce sera une explosion de parfums entêtants. Mais à cet instant, le temps semble suspendu. Des chiens errants rasent en silence les murs des maisons, pour regagner leur abri. Je perçois au loin les premiers chants des coqs qui se répondent d'une rive à l'autre du lac. Dernières minutes d'engourdissement avant que l'agitation et le bruit n'envahissent les rues. Dans ce silence légèrement dérangé par le frottement presque imperceptible des roues des premiers vélos, une silhouette aux contours flous se fond dans les vapeurs de l'aube.

Mon regard est attiré par ses gestes lents de Taï Chi Shuan. Exercices physiques chinois qui allient le contrôle de la respiration, à une gestuelle harmonieuse. Les mouvements d'arts martiaux s'enchaînent avec calme et fluidité. Je m'approche doucement de cette personne dont la pantomime se coordonne étrangement bien avec les lieux. En me penchant un peu plus, je m'aperçois qu'il s'agit d'une femme, âgée, vêtue d'un large pantalon et d'une blouse ample recouvrant la poitrine et les bras, qui accompagnent ses mouvements. Son vêtement ressemble à un pyjama confortable aux couleurs passées. La dame est profondément concentrée sur sa gestuelle, gymnastique presque imperceptible, tant les bras et les jambes se déplacent délicatement, unis dans la fluidité. Chaque déplacement du corps entraîne un enchaînement fluide de mouvements, formant une entité.

Elle dégage malgré son âge et sa silhouette menue, une impression de force et de sérénité en étroite résonance avec le paysage qui l'entoure. Elle est élégante.

La scène qui se déroule sous mes yeux est un moment de pur esthétisme. Silencieux, je reste accroupi près d'un banian, spectateur ému et reconnaissant.

Ma contemplation est bientôt troublée par des bruits répétés et martelés. Mon rêve se dissipe progressivement. Mes yeux fixent bien un lac, toutefois, la femme aux attitudes si harmonieuses a fait place à une rangée de jeunes filles vêtues de blanc qui frappent du bout de leurs pointes le parquet de l'Opéra Garnier.

Je m'étais assoupi. Désormais bien réveillé, je regarde hébété l'ultime scène du « Lac des cygnes ». Les danseuses s'envolent sur les dernières notes de Tchaïkovski, leurs longues jambes alignées dans les airs. Ces silhouettes longilignes et graciles, obtenues à force de douleur et de torsion, touchent à une forme de perfection. Mais, perfection codifiée, répondant à des gestes aux normes figées, qui ne parvient pas à me troubler.

Profondément enfoncé dans mon fauteuil, je ferme les yeux pour conserver ma première émotion intacte. Je savoure ce rêve, tout en m'interrogeant sur le sens véritable de mon impression. Pourquoi la femme entrevue dans ma rêverie me bouleverse-t-elle autant ? **Cette**

femme non seulement avait un corps, mais surtout, elle était son corps.

Également, parce que j'ai saisi distinctement l'essence d'une beauté, faite d'harmonie, et libérée de tout modèle.

Il s'agit ici de ma définition de la beauté, elle m'appartient et ne doit en aucun cas être assimilée à un dogme. Je conçois parfaitement que la morphologie des danseuses classiques représente un idéal esthétique. Mais, ce n'en est qu'un parmi des centaines d'autres.

Il doit être relatif à la perception de chacun.

La beauté est toujours l'étroit corollaire de l'émotion et de l'harmonie. Voyez comme une mère regarde ses enfants. Ils ne correspondent pas forcément aux traits gourmands du bébé blondinet, joufflu, aux yeux bleus. Qu'importe, elle leur trouve toujours un charme et des talents que ne possèdent pas les autres. L'amour qu'une femme porte à ses petits transcende l'aspect purement esthétique et les rend intrinsèquement beaux. Ceci est vrai pour toute personne que l'on aime, elle est belle parce qu'elle est.

Pourquoi cet axiome n'est-il plus compris lorsqu'on l'applique à soi-même ? **Comment,** malgré des efforts soutenus et parfois vains pour coller aux standards physiques de notre société, **être satisfait de son image, si l'on ne s'aime pas d'abord ?**

La plupart des femmes passe une partie de leur existence à courir après la beauté, au prix d'innombrables régimes, ou en taillant leur chair à coups de bistouri, pour faire correspondre leur image à un modèle imposé par la mode, celui d'adolescentes à peine pubères.

Il existe un véritable hiatus entre les top models androgynes et asexués, ni objet de désir, ni mère, qui défilent sur les podiums, et Madame Tout le Monde, d'abord femme, amante, épouse et mère de famille.

Pourquoi les femmes courent-elles après un idéal de beauté dicté par des créateurs de mode dont le fantasme sexuel n'est pas forcément celui du corps de la femme ? Le manque de désir se lit dans les visages fermés sans l'ombre d'un sourire, des mannequins qui défilent sur les podiums.

Les femmes s'empêtrent dans ce paradoxe : elles cherchent à maigrir à tous prix pour redevenir objet de phantasme, mais en adhérant à un type de silhouette qui nie leur féminité. Parfois, ce terrorisme du poids est poussé à l'extrême. On voit en effet fleurir sur Internet depuis quelques années des sites promouvant l'anorexie, véritable incitation à la maigreur et au contrôle absolu de soi.

Pourtant, hors du diktat de la mode, une femme androgyne n'est ni plus ni moins belle qu'une autre aux formes gynoïdes, c'est-à-dire plus ronde des cuisses et des fesses.

De plus, le désir masculin se dessine volontiers dans la plénitude d'un sein ou d'une hanche.

La vision péjorative de la femme gynoïde est relativement récente et propre à nos sociétés occidentales. Aujourd'hui encore, en Polynésie française, la majorité des vahinés, est sensuelle et plantureuse. Les femmes affichent après l'adolescence un corps épanoui par des maternités nombreuses. Au siècle dernier, les jeunes princesses tahitiennes s'isolaient quelques mois avant leur mariage sur un atoll, afin de grossir de quelques dizaines de kilos, symbole de leur fertilité.

Voilà la grande révolution. La femme est désormais maîtresse de sa contraception, dans une société où il est inutile d'avoir une nombreuse descendance pour assurer ses vieux jours. La retraite et la pilule ont radicalement modifié l'image idéale de Vénus. Elle était callipyge et féconde autrefois, elle est unisexe aujourd'hui.

Ce raisonnement vaut pour les hommes également. Ces derniers ne cherchent plus forcément une partenaire aux rondeurs prometteuses, gages de fécondité, puisque après quarante ans de bons et loyaux services ils toucheront une retraite.

Pourtant, physiologiquement, la femme est toujours soumise à des événements incontournables, la puberté, les grossesses et la ménopause. Mais tout est fait aujourd'hui pour récuser ces étapes normales de la vie. Aux dires des magazines, on doit ressembler à 50 ans à une jeune fille de 20 ans, en effaçant les stigmates de la féminité.

Ce qui est pris de nos jours pour une aberration de la nature, cellulite ou culotte de cheval a une raison d'être. Une majorité de femmes stockent de la graisse dans la partie inférieure de leur corps en vue d'hypothétiques grossesses et de l'allaitement. Elles doivent être capables d'assurer ces fonctions durant plusieurs mois, même en cas de restriction.

La fécondité et le sein nourricier ont été célébrés durant des millénaires par les artistes (des hommes surtout). À commencer par nos lointains ancêtres, qui dessinaient à même la roche les contours débordant de générosité de déesses primitives et fertiles. Plus tard, Rubens, Rembrandt, Monet ou Maillol, ont peint ou sculpté la beauté sous les traits de madones enveloppées et enveloppantes ou de jeunes filles plantureuses. Dans le sacre du printemps de Botticelli, les trois Grâces, à la fois déliées et charpentées dans un décor de nature renouvelée, débordant de sève, sont une invitation à l'amour et à la vie.

Certes, cette célébration d'une féminité prodigue était pondérée jadis par des codes vestimentaires très stricts. Durant cinq siècles, de la

Renaissance au XX⁰ siècle, la femme a été contrainte d'enfermer ses chairs dans de rigoureux corsets. Depuis, les gaines rigides ont été jetées à la poubelle, mais le corps des femmes subit toujours des astreintes. Depuis un siècle, les femmes ont gagné de haute lutte le droit de travailler, de disposer de leur argent, de choisir d'avoir des enfants ou pas, pourtant, les injonctions de la mode, la pression sociale, l'enferment plus insidieusement, plus subtilement peut-être dans un carcan qui l'étrangle.

Étrange contradiction de nos sociétés que de promouvoir la femme conquérante et autonome dans tous les domaines de la vie et d'inféoder son image à un modèle physique intransigeant.

Mais, je le répète, **il n'existe pas de poids idéal normatif,** et le bonheur n'en est surtout pas le corollaire. Le seul poids qui vaille la peine d'être atteint et maintenu est celui qui correspond au bien-être.

Il y a différentes façons de calculer son poids « idéal ». Celle communément admise, est l'IMC

Exemple. Une femme mesurant 1,65 m et pesant 63 kg, a un IMC de :

$$\text{IMC} = \frac{63}{1,65 \ ^2 \ 1,65} = 23,16$$

ou indice de masse corporelle. On le calcule, en divisant le poids, par la taille au carré.

Les médecins considèrent généralement qu'un IMC **compris entre 20 et 25 reflète un poids normal,** et ne nécessite aucun régime. Pourtant, **un indice normal ne signifie pas forcément que la demande de perdre du poids est irrecevable.** Pour reprendre l'exemple ci-dessus, je peux comprendre le choix d'une patiente de maigrir de quelques kilos, même si elle est dans la norme, si cela lui permet de retrouver une image plus satisfaisante d'elle-même.

Être en forme, c'est avant tout être bien dans sa peau, coller avec son personnage, que cela signifie rentrer dans un 38/40 ou pas.

C'est pourquoi, je ne tiens pas compte de l'IMC des patientes. J'en connais qui veulent maigrir avec un indice à 23, d'autres, qui sont bien dans leur corps et dans leur tête avec un indice à 25, pourtant considéré comme un seuil limite de surpoids par les médecins. **C'est donc à chacun de déterminer un poids réaliste** à atteindre, en accord avec le praticien.

On parle d'**obésité à partir d'un IMC supérieur à 30.** Dans ce cas là, il est effectivement nécessaire de maigrir, pour des raisons de santé évidentes (diabète, problème cardio-vasculaire, problèmes de squelette...).

Pour des raisons d'image également. Peser 130 kg n'est pas la panacée. Je n'adhère pas à la franchise du discours des grands obèses qui affirment être bien dans leur peau. « Je suis très grosse et je m'assume », si c'était vraiment le cas, vous ne seriez pas entrain de lire ces lignes. Certains bien sûr, arrivent à accepter ce surpoids comme une fatalité. Mais comment aimer sincèrement ce corps encombré de graisse, barrière à la fois protectrice et étouffante de la personnalité.

C'est pourquoi, en tant que nutritionniste, je crois en la pertinence d'un régime, lorsqu'il est mené en confiance, par la patiente et le médecin, dans le respect du tempérament de chacune.

Je vous propose donc à travers mon livre d'embarquer pour une belle aventure, parfois semée d'embûches et de doutes, demandant des efforts et un travail conséquent sur vous-même. Mais la récompense ultime est de retrouver avec plaisir et gratitude, cet être unique et précieux que vous aviez perdu de vue depuis quelques temps, ou que vous fuyiez avec dégoût..., vous même !

On peut tous perdre les kilos superflus, à la condition de se pardonner.

INTRODUCTION

Pourquoi est-ce si difficile de maigrir ?

Contrairement à ce que l'on croit, maigrir n'est pas un processus naturel, mais anti-naturel. Le corps humain a été prévu pour stocker en cas de coup dur, pas pour s'affamer. Il n'existe d'ailleurs aucun aliment dans la nature qui fasse maigrir !

Il n'est pas rare que je retrouve dans mon cabinet des femmes d'une cinquantaine d'années, ayant pris 30 kg en trente ans. (Ce n'est jamais qu'un petit kilo par an). Passer de 58 kg à 88 kg, c'est embêtant, mais pas forcément pathologique. Les grossesses, la ménopause expliquent entre autre cette prise de poids. À l'inverse je serais extrêmement inquiet de voir une patiente ayant fondu de 30 kg dans le même temps. À 28 kg, c'est l'hospitalisation immédiate avec une sérieuse réserve sur le pronostic vital.

Face à ce constat, pourquoi ai-je voulu faire de la nutrition et accompagner les autres dans cette démarche d'amaigrissement ?

Pourquoi écrire un nouveau livre sur l'amaigrissement ?

Les rayons des libraires débordent en effet de recueils plus ou moins fantaisistes sur le sujet, proposant des recettes infaillibles pour venir à bout de ce mal envahissant et récurrent de nos sociétés : le surpoids.

Mais, pour se retrouver dans toutes ces publications, mieux vaut savoir exactement ce que l'on cherche. La diététique et les régimes sont rangés dans le rayon santé ou à côté des livres de cuisine. Par contre, ce qui relève du comportement alimentaire et du mal-être est placé dans la psychiatrie !

Le bras court du chromosome 13

Cela me rappelle une amie à la fin de mes études qui prévoyait de consacrer sa vie à la recherche sur le bras court du chromosome 13. Une étude sans aucun doute intéressante et importante.

Les 46 paires de chromosomes que nous possédons tous, sont constituées de deux parties, un bras long et un bras court. L'ensemble détermine notre patrimoine génétique. Une anomalie sur un de ces gènes, entraîne des malformations parfois très lourdes.

Ainsi, sur une minuscule portion du chromosome 13, se trouve un gène responsable d'une maladie rare et grave qui provoque une dégéné-rescence neurologique.

La connaissance des chromosomes est donc indispensable à la compréhension et au traite-ment des pathologies génétiques.

La médecine moderne évolue vers une hyperspécialisation dont il est difficile de renier la nécessité.

À condition toutefois de ne pas oublier que l'homme est un tout indissociable et non pas un assemblage d'organes.

Dans cet ordre d'idée, la médecine a l'habitude de séparer le corps et l'esprit, le physique et le métaphysique.

La nutrition et la diététique n'échappent pas à cette règle.

Pourquoi une telle dichotomie, alors que tout est lié ?

Lorsque vous souffrez de surpoids, quel par-cours du combattant ne faut-il pas entreprendre pour se faire entendre. Vous commencez par en parler à votre gynécologue qui préfère vous diri-ger vers un endocrinologue. Celui-ci vérifiera l'hypophyse, les glandes surrénales et la thy-roïde, pour constater dans la plupart des cas que votre dosage hormonal est normal. Vous vous adressez alors à votre généraliste qui vous conseille de manger moins et mieux. *Faites un peu de sport et vous maigrirez.*

27

Cependant, votre poids reste toujours stable malgré vos efforts. Vous ne voyez plus qu'une seule solution, vous adresser à un psychologue. Après des mois, voire des années d'analyse ou de psychothérapie, et une plongée angoissante dans votre petite enfance, vous pourrez peut-être commencer le processus d'amaigrissement. Mais, ce laps de temps, qu'il semble long lorsque l'on rejette l'image de son corps.

De plus, si vous vous arrêtez au stade de l'acceptation, cela ne sera pas suffisant pour que vous vous regardiez enfin avec compassion, au sens oriental du terme, c'est-à-dire avec amour et mansuétude, et pour que vous vous offriez le magnifique cadeau de maigrir et de vous retrouver.

Je vous propose d'arrêter de regarder la question du poids par le petit bout de la lorgnette et d'envisager de prendre le problème dans sa globalité, souci physique bien sûr, mais avant tout illustration d'un mal être. Pour retrouver au bout de cette démarche, votre unicité.

Certains ouvrages, proposent une approche psychologique intéressante de l'obésité, mais n'offrent aucune réponse concrète aux patientes, ou font des promesses qu'ils ne pourront pas tenir.

Ils considèrent en outre, que le problème de l'amaigrissement est dans la tête. Pour moi, maigrir est dans le cœur. Il faut en effet beaucoup d'amour pour soi pour parvenir à retrouver son corps.

D'autres enfin, se contentent de dénoncer les apprentis sorciers de l'amaigrissement, soulignant avec justesse la difficulté du problème. À moyen ou long terme, les régimes sont en effet voués à l'insuccès dans 90 % des cas !

Mais, interprétant ces chiffres uniquement sous l'angle de l'échec, ces auteurs montrent qu'ils n'ont pas véritablement saisi la problématique du poids. Celle-ci se résume à deux demandes bien distinctes, souvent mal comprises : **je veux maigrir, mais surtout, je suis mal dans ma peau.** C'est cette requête qu'il est nécessaire d'entendre pour accompagner efficacement les patients.

Ne faut-il pas réfléchir non seulement aux causes des échecs mais aussi aux solutions envisageables ?

Sinon, autant baisser les bras et laisser toutes ces personnes désemparées.

Fort de dix-huit ans d'expérience et de réflexion sur la nutrition, je propose une approche originale. Les milliers de patientes jeunes ou d'âge mûr qui sont passées dans mon cabinet, souffrant d'un surpoids important ou non, révèlent toutes une même relation négative à leur corps. Derrière les mots ou les silences, les maux des kilos superflus, apparaissent en filigrane les plaies et bosses de l'âme.

> **Nutritionniste, j'offre de voir au-delà du simple aspect diététique et esthétique de l'amaigrissement, et d'amener chaque lectrice à découvrir la face cachée d'un régime.**

Le concept a déjà été traité auparavant, **mais ce livre va plus loin dans cette réflexion, à travers une approche globale des problèmes, des souffrances du surpoids, qui allie écoute, compassion et compétence diététique.**

Compassion est un terme, que je vais souvent utiliser dans ce livre, mais il faut le comprendre au sens de l'intérêt, de l'amour que l'on a pour les autres et pour soi. Les psychologues nomment ce sentiment empathie, mais je préfère utiliser le mot compassion, plus accessible.

Maigrir, n'est pas une fin en soi. Tous les régimes font perdre du poids et aucun ne garantit une stabilisation définitive. « Docteur, je veux

perdre du poids et surtout ne pas le reprendre »,
toutes les patientes désirent la même chose, mais
leur demande est mal formulée. Aucun régime
n'est en mesure de garantir l'équilibre du poids
ad vitam aeternam, il n'est qu'un outil dans les
mains du praticien. **Un régime n'est pas un
vaccin contre le poids !**

Pour réussir cette fameuse phase de maintien,
les femmes qui entreprennent de maigrir doivent donc s'interroger : **quelle est la vraie raison qui me pousse à contraindre puis à
modifier mon corps ?**

Ce préalable introspectif permet alors de faire
rimer cure d'amaigrissement avec aventure et de
la transformer en un véritable défi, celui de se
sublimer, pour atteindre le véritable objectif de
la perte de poids : reconquérir une unicité entre
soi et son image.

Réussir son régime, c'est s'aimer suffisamment pour faire **le sacrifice de ses habitudes
et de sa graisse protectrice et se réapproprier enfin son être.**

Qu'est-ce que ce sacrifice ? Si vous vivez les
privations liées à un régime comme une succession de frustrations, ne commencez pas, vous
allez échouer. Si vous l'entendez comme un
traitement nécessaire, vous pouvez y aller. Si
enfin, cette démarche est un défi que vous voulez relever, vous êtes prêtes à vous lancer **dans**

une belle aventure. Au bout, une *terra incognita* ou presque, vous-même.

Pour éviter aux candidates à l'amaigrissement espoirs démesurés et désillusions, pour échapper au cycle infernal du découragement et du fatalisme, et sortir enfin de l'engrenage des régimes yo-yo, il faut cesser de fonctionner comme un disque rayé que l'on se repasse indéfiniment.

> Cet ouvrage fournit des clefs pour comprendre la vérité de son poids et faire face au poids de sa vérité, condition *sine qua non* d'un amincissement réussi et durable dans le bien-être.

Il propose également d'accompagner ce travail sur soi-même par une méthode concrète et éprouvée d'amaigrissement, à accomplir en partenariat avec un praticien.

PREMIÈRE PARTIE

EN FINIR AVEC TRENTE ANS
DE MALENTENDUS

Le plaisir est le but de la vie heureuse, mais certains plaisirs lui sont nuisibles et doivent être évités. (...) Il y a aussi beaucoup de douleurs que nous jugeons préférables aux plaisirs.

Épicure (342-270 av. J.-C.), *Lettre à Ménécée.*

En guise de préambule...
Un régime, quelle galère !

Des heures que je rame comme un galérien, et je n'ai pas fait dix miles nautiques. Un courant contraire m'oblige à suer sans relâche uniquement pour ne pas reculer. Qu'est-ce que j'avais dans le crâne, le jour où j'ai décidé de traverser le Pacifique à la rame en solitaire. À l'heure qu'il est je pourrais être tranquillement assis chez moi, avec mes copains, entrain de siroter un bon petit verre de vin. On referait le monde ou on s'en moquerait tout simplement, bien au chaud dans nos habitudes. Ou alors, je me ferais un chouette resto avec ma femme. On laisserait les enfants à la baby-sitter et on irait s'avaler un monstrueux couscous. Au lieu de ça je suis coincé depuis des mois sur une coquille de noix qui me permet tout juste de m'allonger. J'ai froid, j'ai faim, je suis tout seul. Depuis trois mois j'ai de grandes conversations en tête-à-tête avec mon compas. J'arrive même à lui trouver une bouille sympathique.

Il ne me fait pas avancer, mais il me montre au moins quelle direction suivre.

Voilà en plus le vent qui se lève. Depuis ce matin, le ciel est de plus en plus menaçant. « Ciel rouge le matin, chagrin du marin ». Je le sens gros comme une tempête mon chagrin. Des vagues de plus en plus importantes viennent s'écraser à tribord. Mon canot commence à tanguer sérieusement…

La tempête est bien installée maintenant. Je lutte depuis 24 heures. Je n'ai pas un centimètre de peau qui soit sec. Les vagues viennent chatouiller le cockpit et m'aspergent d'eau glaciale. J'ai du sel plein les yeux, j'en ai partout en fait, et ça me gratte terriblement. Impossible de fermer l'œil, j'ai l'impression à chaque instant que ma barque va être engloutie par l'océan. Je repasse en boucle le film de ma vie. Pourquoi m'imposer cet enfer, alors que tant de personnes aimantes m'attendent dans un lieu confortable. Quelle folie cette solitude choisie ! Je devrais lancer un appel radio pour que ce défi absurde cesse. J'aurais dû écouter ceux qui me conseillaient de renoncer à mon projet. J'en ai assez !

La tempête s'éloigne, je vais pouvoir dormir un peu. J'ai fêté ma victoire sur la météo et sur l'océan par un bon sachet de soupe lyophilisée, chaude, un vrai festin. Le moral remonte avec le baromètre. Si tout va bien, je pourrai embrasser à nouveau la terre dans trois ou quatre semaines.

Ça y est, j'ai posé mes pieds sur le sol. Famille, amis, maelström médiatique, un million d'émotions *m'envahissent. À la joie de revoir les miens, se mêle une fierté indicible d'avoir tenu jusqu'au bout. Je regarde en arrière, mais la souffrance, la solitude s'estompent derrière un sentiment de victoire formidable. J'ai bravé le Pacifique qui porte si mal son nom, des doutes permanents, pour vivre une des plus belles aventures de ma vie.*

Vous avez voyagé quelques instants dans la tête d'un navigateur solitaire. J'imagine que c'est en substance ce qu'il devait ressentir.

Commencer un régime ne vous fera pas traverser des océans. Pourtant, la quête est la même. **Comme ce marin, vous allez vous retrouver seule face à votre cure. Vous devrez affronter les doutes, la tentation de renoncer pour vous réfugier dans le cocon rassurant de vos habitudes alimentaires.**

De bonnes âmes vous feront douter de la pertinence de votre démarche, *tu es très bien comme ça, pourquoi te priver.* Ce projet vous appartient, sa réussite également.

Entamer un processus d'amaigrissement demande beaucoup d'abnégation. Si je pouvais vous permettre de perdre du poids dans la facilité, je le ferais. Mais, de telles promesses sont mensongères. Par contre, si ce sacrifice devient une offrande, comme un acte d'amour pour cette personne que vous oubliez si souvent, vous-même, vous vivrez cette période comme une des plus grandes aventures de votre existence. Au bout, **c'est vous que vous allez retrouver avec une légitime fierté.**

1. RESPONSABLE, MAIS PAS COUPABLE

Je me gave, je ne mange pas docteur, je me goinfre. Je me sens tellement coupable après.

Coupable, toujours ce leitmotiv. La grande majorité de mes patientes vit sa relation à la nourriture comme une passion condamnable et nuisible. Les religions ont marqué notre inconscient de manière indélébile. **La gourmandise comme péché capital,** est une notion bien ancrée dans les esprits, que l'on soit croyant ou athée.

Docteur, aidez-moi à ne pas me soumettre à la tentation et délivrez-moi de ce mal pesant, mes kilos.

Face aux nutritionnistes, de nombreuses femmes se sentent obligées de rendre des comptes. Le médecin, juge suprême devrait condamner, disputer la coupable. Mais, ce n'est pas le rôle du praticien. Il n'est pas là pour octroyer le pardon.

Pourtant, depuis une trentaine d'années le discours des nutritionnistes tourne autour du jugement sur l'absence de volonté supposé des patients, sur l'équilibre alimentaire, et aboutit aux inévitables remontrances en cas d'échec. Vous n'êtes pas sérieuse, vous ne m'écoutez pas, c'est pour cela que vous ne maigrissez pas. Mais cette approche n'est pas valable : elle a condamné des générations de femmes à jouer au yo-yo avec leur poids.

— VOUS N'ÊTES PAS COUPABLE DE GROSSIR, de vous entourer d'une couche de graisse protectrice. En partant de ce postulat, je pose les bases de mes relations avec les patientes. Je ne suis ni confesseur, ni juge, ni assistant. Cette absence de jugement est primordiale pour **établir une relation de confiance.** Il y a des attitudes, des détails diront certains, qui permettent pourtant à mes patientes d'appréhender le régime en se sentant respectées. **Je ne leur demande jamais par exemple de se déshabiller lorsqu'elles se pèsent au cours de la consultation.** Elles n'enlèvent que leurs chaussures. La plupart d'entre elles sont soulagées de ne pas avoir à exposer un corps désavoué.

Mon cabinet se trouve au bout d'un long couloir, je précède toujours mes patientes, car je sais combien cela peut-être gênant de marcher dans un espace étroit en se sachant regardé, surtout lorsqu'on aspire à ne pas être vue.

L'objet des consultations, c'est de **s'associer** pour atteindre un même but, perdre du poids.

Car telle est bien la première demande, évidente et formulée sans complexes. Elle cache toujours une seconde demande, rarement exprimée parce que taboue : *Je suis mal dans ma peau, je suis mal dans ma vie. Je veux être mieux dans ma vie, et la perte de poids est un moyen d'y parvenir.*

C'est ce malaise là, prioritaire, que le médecin doit entendre et parvenir à circonscrire.

Comment ? Par **deux contrats de confiance.** Le premier concerne l'**amaigrissement** proprement dit, et le second la période plus difficile de la **stabilisation.**

La pierre angulaire de ma méthode, ce sont ces contrats. Ainsi, chaque partie est mise sur un plan d'égalité, et devient **responsable** du succès de l'entreprise. Avec un partenaire, on s'engage à honorer un contrat, tandis qu'on lutte contre un adversaire. Par mon contrat, chacune des parties, le patient et le médecin, s'investit authentiquement pour parvenir à des résultats.

Mais quels résultats ? Il est très important à ce stade de séparer le souhait de la patiente, des calculs du médecin. Si une femme devant maigrir de 20 kg, n'en perd que 10, mais se trouve belle et bien dans ses baskets, le contrat est d'ores et déjà une réussite. Par contre, si elle remplit la clause initiale de 20 kg, mais n'a rien réglé dans sa vie, si elle se sent toujours aussi peu séduisante et peu sûr d'elle, alors c'est un échec. La reprise de poids dans ce cas là est souvent inéluctable à brève échéance.

C'est le cas d'Agnès, l'une de mes patientes depuis deux ans. Nous étions convenus ensemble qu'elle devait perdre une quinzaine de kilos. Très motivée par le régime que je lui ai proposé, cette jeune femme a perdu régulièrement du poids, jusqu'à atteindre notre objectif sans difficulté. Mais, c'est le deuxième contrat qui demande plus d'attention aujourd'hui. Agnès présente pourtant un poids stable depuis des mois. Elle a récupéré une allure mince. Quel est le problème me direz-vous ? Elle n'a pas encore intégré correctement la notion du plaisir de se nourrir. Chaque fois qu'elle succombe – très rarement – à son péché mignon, la tarte aux fruits, elle se mortifie pendant des jours. La culpabilité toujours, liée à une obsession de passer sous la barre psychologique des 49 kg. Nous travaillons aujourd'hui sur ces deux points cruciaux, comme deux associés qui doivent régler un problème pour obtenir les résultats souhaités. Qu'Agnès continue à honorer son contrat, prouve toutefois que nous pouvons envisager le résultat final avec optimisme.

J'exerce depuis dix-huit ans. J'ai prescrit beaucoup de régimes, avec lesquels j'ai connu des échecs et des succès. Les échecs m'ont permis de me poser des questions, et les succès m'ont apporté des réponses. Je rends hommage à toutes mes patientes qui m'ont appris un mot essentiel, la **compassion. Je l'utilise dans le sens d'empathie,** terme utilisé par les psychologues, c'est-à-dire, une faculté de comprendre ce que ressentent les patients, de les écouter avec bienveillance et attention.

Je ne pratique plus cette discipline, l'amaigrissement comme avant. Je pense ne pas être perçu comme un simple « maigrisseur ». J'ai pris conscience du poids de la culpabilité et du mal de vivre dans les problèmes de surpoids.

Chaque patiente est différente, mais toutes présentent un dénominateur commun, une culpabilité qui les fait souffrir.

Or, on ne traite pas une souffrance par une approche diététique.

Entamer un régime sans avoir préalablement analysé la relation à la nourriture, conduit forcément à un échec. Les causes d'une prise de poids ne fondent pas avec les kilos. C'est au praticien d'amener les patients à réapprendre à manger sans se culpabiliser, c'est-à-dire à rétablir la place du plaisir par rapport au besoin.

Grâce aux nouvelles relations de confiance et de responsabilisation que j'ai instaurées, mes patientes réussissent bien davantage à maigrir et à stabiliser.

Je retrouve souvent dans mon cabinet, des femmes qui sont allées consulter dans un des grands hôpitaux parisiens. Elles n'ont que peu de surpoids, quelques kilos en trop sans être obèse, mais qu'elles n'arrivent pas à perdre, malgré de nombreuses tentatives. Leur demande est réelle, leur mal-être aussi. Pourtant, leur « petit » problème de poids n'est pas entendu. On va à la limite les envoyer vers un psychologue, car leur malaise physique n'est pas pris en compte. Pourtant, leur rapport culpabilisant à la nourriture existe et les kilos en trop aussi. Elles ont besoin d'une prise en charge globale, alliant compréhension et diététique. L'importance du surpoids, ne détermine pas forcément le degré de mal-être.

Les notions de compréhension, de compassion, les patientes doivent parvenir à se les appliquer à elles-mêmes. Il faut pour cela avoir le courage de se poser les vraies questions. Que s'est-il passé dans ma vie professionnelle ou privée, pour que je me réfugie dans la nourriture ? Contre quoi, contre qui est-ce que je me protège, en mangeant à en perdre la raison ? De quoi surtout ai-je besoin, est-ce de nourriture, de chocolat ou d'autre chose...

J'ai l'exemple de cette patiente qui a pris 25 kg en six mois, lorsqu'elle a dû affronter un divorce, de graves ennuis financiers et l'incompréhension d'une mère omnipotente. Elle a pris un kilo chaque semaine pour remplir une existence vide d'amour, forgeant ainsi une barrière pour la protéger des agressions de la vie. Curieusement, elle n'ingurgitait pas des monceaux d'aliments gras ou sucrés. Mais chaque morceau avalé semblait s'accrocher à son corps comme pour la réchauffer. Fataliste, elle s'était résolue à vivre sans séduction, la bonne copine des soirées entre filles. Elle s'était fait à l'idée qu'elle ne retrouverait plus jamais son poids d'avant. Pour tenter de freiner le processus toutefois, elle s'interdisait ses nourritures préférées. Sa vie résonnait comme un échec, elle se le faisait payer. Un jour, une amie lui a fait comprendre qu'elle valait bien quelques efforts.

En effet, derrière ce corps devenu au pire, un étranger encombrant, ou au mieux un objet indifférent, se cache un processus destructeur de dévalorisation, accompagné d'une grande peur du jugement. Pour des personnes perfectionnistes à l'excès, la crainte de l'échec peut amener à l'immobilisme et à son impitoyable corollaire, la culpabilité.

Le sentiment de culpabilité est parfois inculqué très tôt, dès l'enfance. Je suis souvent choqué de lire dans les carnets de santé, « tendance à l'obésité ». Ces quatre petits mots inscrits par des pédiatres consciencieux, peuvent avoir des répercussions psychologiques à long terme pour l'enfant et pour les parents. Dès le départ, on colle au jeune une image dévalorisante liée à l'obésité, véritable condamnation d'être gros.

Plus tard, on se sent coupable de céder à la tentation, coupable de n'être que soi...

Notre principal ennemi dans cette situation, c'est donc la peur que l'on peut éprouver à affronter ses démons. Une angoisse qui entretient souvent une coupable faiblesse par rapport à nos souffrances. Paradoxalement, ce mal-être permet de se sentir exister.

Certaines personnes vont jusqu'à meurtrir leur corps ou le mutiler. C'est la douleur ressentie dans leur chair qui rend leur existence palpable. Quelle est la différence avec une femme qui déforme sa silhouette à force de grossir ? Elle prend du poids, dans sa chair et vis-à-vis des autres également. Son « anomalie », remarquée, la fait exister aux yeux de la société.

Elle nourrit pour sa disgrâce une complaisance confortable... Elle a mal, mais continue à gratter des plaies qui projettent l'être en souffrance dans une fuite en avant jalonnée d'alibis divers. Qui peut casser le cercle vicieux, le conjoint, le médecin ? Non, soi, et uniquement soi.

Personne n'est coupable du rythme d'enfer dans lequel nous vivons bien souvent, ni des problèmes au travail ou des disputes conjugales. Par contre, s'en draper pour éviter de se regarder en face, c'est se rendre coupable de lâcheté vis-à-vis de nous-même. C'est bien ce sentiment qui nous guide le plus souvent.

La grande question qui se pose à la candidate à l'amaigrissement est : **est-ce que je veux vivre avec moi, ou contre moi ?** Casser le cercle vicieux, c'est rétablir le dialogue avec soi-même. Les régimes échouent parce qu'on les fait contre soi.

Maigrir, demande de pouvoir se pardonner, soi-même.

Pourquoi cette complaisance poisseuse pour soi, alors qu'on est capable de compassion pour les autres ? Parce que nous avons peur. Peur d'être sincère avec nous-même, peur de nos réactions, peur de reprendre du poids. Or, la peur est le contraire de l'amour. Elle paralyse, nous confine dans un rôle de victime. Elle nous fait subir le poids de notre existence et de notre corps. Mais, malgré la souffrance que cela engendre, il est parfois plus facile d'entretenir notre culpabilité avec complaisance.

Avoir le courage d'affronter ses peurs, pour comprendre enfin l'histoire de ses kilos en trop. S'arrêter devant le miroir et regarder avec un peu beaucoup d'amour et de lucidité ce que l'on voit en face de soi. Ne plus fuir notre image, se mettre à nu en toute sincérité et accepter un corps, une âme un peu cabossés qui vieillissent inéluctablement, mais qui sont somme toute, nos plus précieux trésors. Se sentir responsable de ce que l'on est, de son corps mal-aimé, pour parvenir à briser le cercle vicieux de la souffrance.

2. MAIGRIR, EST-CE SEULEMENT UNE QUESTION DE VOLONTÉ ?

Elle est assise devant moi pour la première fois. Très blonde, bronzée, elle a une petite cinquantaine d'années. Accrochée à l'accoudoir du fauteuil, je la sens sur la défensive. Elle entame la longue litanie des régimes essayés sans succès depuis dix ans. Elle a suivi à la lettre les conseils dispensés par les magazines féminins, appliquant les instructions parfois contradictoires, au gré des modes. Mais voilà m'explique-t-elle, il y a toujours ces 15 kg qui lui empoisonnent la vie. Ses dernières vacances ont été gâchées par les réprimandes incessantes de son mari, « si tu veux maigrir, tu n'as qu'à pas manger autant ». Pourtant, elle ne mange pas tant que cela. Sa vie en fait est jalonnée de restrictions. Parfois bien sûr, elle craque, engloutissant tout ce qui lui passe sous le nez, mais en général, elle contrôle, soupèse son alimentation. Elle a vu des spécialistes déjà, d'où sa méfiance, qui lui ont parlé de volonté. *Chère madame, il n'y a qu'à... Qu'à manger moins, manger mieux et faire un peu de sport.* Elle l'a fait, sans succès. On ne l'a pas cru. *Si vous ne perdez pas de poids, ou si vous le reprenez, c'est forcément que vous trichez. Pour maigrir, il faut le vouloir.* Dieu sait qu'elle veut maigrir, qu'elle y met toute son énergie. De la volonté elle en a à revendre.

Pourquoi ça ne marche pas docteur ?

Parce que **perdre du poids n'est pas uniquement question de volonté.** Depuis trente ans, les ouvrages de diététiques, les nutritionnistes entretiennent cette idée préconçue. *Reprenez-vous, un peu de caractère...,* des exhortations très dévalorisantes, qui enferment les patients dans la culpabilité. On vous dit qu'il suffit de manger équilibré et de chausser une paire de tennis pour mincir. (Demandez à votre médecin de faire un footing avec un sac de 20 kg sur le dos, on verra s'il y arrive !)

On pointe du doigt une soi-disant faiblesse. Comment ne pas se sentir nulle et pusillanime dans ce cas ?

Les *a priori* ont la vie longue en ce qui concerne les « gros ». Je pense qu'on peut parler de racisme anti-gros, tant le rejet de ces personnes est important dans notre société. Paradoxalement, il y a de plus en plus d'obèses et de moins en moins de tolérance à leur égard. Au cinéma, ils jouent soit le rôle du brave gars débonnaire un peu ridicule, soit un personnage grossier ou veule. Ils n'incarnent (quasiment) jamais la séduction.

Regardez autour de vous, on ne pardonne pas à un homme ou à une femme obèses de commettre des maladresses. Qu'ils aient du mal à s'asseoir ou à se déplacer à cause de leur poids, et aussitôt les quolibets les plus péjoratifs fusent. Le monde professionnel n'est pas tendre non plus pour ces personnes souvent victimes de ségrégation à l'embauche. Elles portent leurs trop lourds kilos comme autant de preuves de faiblesse, de complaisance et de nonchalance. Pas bon pour le chiffre d'affaire, ou l'image de marque d'une société. Paradoxalement, ce sont souvent des personnes de poids qui sont les personnages clé d'une entreprise. La super secrétaire qui connaît tous les secrets de fonctionnement de la firme, la surveillante générale d'un service hospitalier, etc. Les responsables considèrent à ce moment-là qu'elles font le poids, et leurs activités pèsent lourdes dans la balance. Pour ne pas être jugées, ces femmes se rendent indispensables à leurs employeurs. Elles compensent ainsi l'image déformée d'elles-mêmes que projette leur corps. En prenant du poids par leur travail et leur détermination, elles cherchent à faire oublier leur poids.

Personne ne peut les accuser de manquer de volonté, leurs capacités professionnelles le montrent. Pourtant elles sont trop rondes.

Le rapport à la nourriture relève davantage de l'affectif. Il est donc irrationnel. Lier les kilos à la seule volonté est aussi absurde que d'affirmer que l'amour est une question de caractère. Si votre meilleure amie est sur le point de divorcer, vous n'allez pas lui dire qu'avec un peu de bonne volonté tout va s'arranger !

Lorsque mes patientes quittent mon cabinet, je ne leur souhaite pas bonne volonté et prenez vos résolutions, mais bon courage.

Imaginez-vous en Normandie au bord de la mer. Même au mois de juillet, l'eau est froide. Vous reculez une fois, deux fois, puis vous pensez que c'est trop bête d'avoir parcouru tout ce chemin sans en profiter. Vous prenez votre courage à deux mains et vous plongez. La première minute d'adaptation passée, vous trouvez que finalement, ce n'est pas si difficile que ça et même agréable.

Le processus est identique pour un régime. Pensez que cela relève de la volonté, conduit les patientes à se dévaloriser.

Affirmer que c'est de courage dont il s'agit, met ces personnes face à leurs peurs et à leur histoire personnelle.

Il est souvent plus douloureux et déstabilisant d'entreprendre un travail de réflexion sur sa vie, que de se cacher derrière un prétendu manque de caractère.

Pourtant, un désordre alimentaire reflète toujours un déséquilibre dans son existence.

3. Chaque kilo a son histoire

Prendre du poids, notre organisme est programmé pour cela. En perdre sans raisons par contre, doit alerter.

Tout au long de sa vie, une femme connaît des bouleversements hormonaux. À la puberté, au cours d'une grossesse ou à la ménopause, le corps subit de grands changements, et a tendance à grossir. Rien de pathologique ni d'irréversible là-dedans.

Parfois, des dérèglements hormonaux sont en cause, ils requièrent alors un traitement spécifique. Mais, cela ne concerne pas la majorité des femmes.

Il arrive aussi qu'une pilule contraceptive inadaptée entraîne une prise de kilos. Cependant, cela est de plus en plus rare avec les nouvelles générations de pilule.

Alors, pourquoi grossit-on malgré notre vigilance et nos régimes miracles affichés sur la porte du frigo ? **L'équilibre du poids est intimement lié à l'équilibre de notre vie.**

Une femme amoureuse ne prend pas de poids, elle va plutôt en perdre dans les premiers temps de la liaison. La nourriture ne vient combler aucun vide, puisque le plaisir d'aimer et d'être aimée est au rendez-vous.

À l'inverse, je traite nombre de patientes qui vivent une rupture ou une relation insatisfaisante. L'amour est le sentiment le plus essentiel à l'humain, quelle que soit la façon de l'exprimer. Un enfant ne peut se développer normalement sans être aimé, caressé. Si personne ne le touche et ni ne lui parle tendrement, il dépérit ou devient débile. Nous avons tous encore en mémoire les images terribles des orphelinats roumains, prises après la chute du Mur de Berlin.

Adulte nous conservons cette quête. Si nous manquons d'affection, nous nous rabattons vers la seconde source de satisfaction, la nourriture, la plus facile à obtenir. Nous gardons à tous âges le besoin de douceur et de réconfort. À défaut des bras d'un amant, une boîte de chocolat peut servir d'ersatz.

Ce que l'homme ne sait pas.

L'histoire d'un couple, on peut la résumer lapi-
dairement en une expression, c'est deux poids
deux mesures. Quand ils se rencontrent, l'homme
et la femme présentent généralement une certaine
harmonie morphologique. Ils se plaisent tels qu'ils
sont. Ils ne sont pas forcément minces, mais leurs
silhouettes s'accordent. Sur la photo, ils vont bien
ensemble. Puis les années passent, l'homme prend
quelques rides certes, peut-être même une bouée
autour du ventre, mais *grosso modo,* son allure ne
bouge pas. La femme elle, a beaucoup changé :
deux ou trois enfants, le stress, la ménopause, l'ont
fait grossir d'une quinzaine de kilos. Sur le cliché
de leur dixième anniversaire de mariage, le portrait semble déjà déséquilibré. Les deux parte-
naires ne s'assemblent plus si harmonieusement.
L'image du couple à l'arrivée n'est plus celle du
couple initial. Ce constat ne gêne pas forcément le
mari, mais l'épouse en souffre. Elle ne se reconnaît
plus dans les kilos disgracieux accumulés avec le
temps. Elle se sent dévalorisée, ce que l'homme ne
comprend pas.

L'homme est à mille lieux de se douter de la
lutte qu'une femme entreprend après chacune
de ses grossesses pour se retrouver.

Nous vivons en plus, dans une société qui
accepte mieux l'âge de l'homme. On considère

53

qu'un homme d'âge mûr se bonifie, alors qu'on pardonne moins facilement ses rides à une femme. Pour peu que lui ait une situation sociale valorisante, il n'a aucun mal à 50 ou 60 ans à se remarier avec des femmes plus jeunes. L'inverse est beaucoup plus rare. L'exemple célèbre de Marguerite Yourcenar est très exceptionnel. C'est injuste, mais c'est encore ainsi aujourd'hui.

Il est moins facile pour une femme de vieillir, de grossir, de changer physiquement. C'est moins acceptable et surtout moins accepté.

Les problèmes affectifs, sentimentaux et sexuels, engendrent toujours des comportements alimentaires déséquilibrés. Ils induisent une très grande dévalorisation.

J'ai eu des patients, hommes, dont le surpoids était directement lié à une homosexualité non assumée. Certains vivaient dans le déni auprès d'une femme, d'autres n'avaient aucune sexualité.

J'ai vu des femmes se punir d'un inceste subit dans leur enfance en devenant obèse. La graisse protège du regard de l'autre et de la séduction.

Je reçois parfois des couples en consultation. Le mari accompagne sa femme et se montre très prévenant. Il participe à l'entretien, préoccupé sincèrement du problème de poids de son épouse. Je me souviens particulièrement de l'un de ces couples. Ils étaient présents tous les deux à chaque rendez-vous, le monsieur suivant avec attention les progrès de sa femme. Une seule fois, il n'avait pu la rejoindre dans mon cabinet, ne trouvant pas de place de parking. Ma patiente m'avait avoué ce jour-là, que son mari était devenu impuissant à la suite d'un diabète insulinodépendant. Depuis, faute de communiquer et de régler ce problème spécifique, elle avait grossi. Toute l'attention du mari pouvait désormais se focaliser sur le problème de sa femme.

Lorsqu'on laisse une partie de ses désirs de côté, on compense compulsivement par l'alimentation. Mais ces frustrations ne sont pas uniquement d'ordre sexuel.

Le quotidien laminant, conduit aussi à grossir. Depuis une trentaine d'années, les femmes ont conquis plus ou moins une nouvelle place dans la société. Contrairement a leurs mères ou à leurs grandes mères, elles réclament le droit d'exister dans la société. Plus seulement gardiennes du foyer au service de l'homme, mais professionnelles compétentes et reconnues, amies, maîtresses, etc.

Mais, jongler avec ces nouveaux rôles tout en gardant la responsabilité des enfants et du ménage est difficilement gérable. Comment parvenir à se retrouver, lorsqu'on est happée par la spirale des tâches quotidiennes ? Plus le temps de penser à vous. Vous êtes trop fatiguée pour un câlin, et les enfants qui refusent de s'endormir à onze heures du soir. Vous avez besoin de réconfort rapidement ? Une tablette de chocolat fera l'affaire.

Marina a 22 ans, une énergie et une bonne humeur communicative. Mais sa joie de vivre semble masquer quelques ennuis. La jeune antillaise se dit gourmande, mais sans excès. Elle n'a pas vraiment changé son alimentation ces dernières semaines. Certes, elle aime les plats de son île d'origine, mais ne mange pas de colombe, de carry ou de bonbons cocos tous les jours. Pourtant, elle a pris 10 kg en deux mois. Il faut dire qu'elle trouve son quotidien un peu lourd à porter en ce moment. En licence de droit à la fac, elle doit travailler pour financer ses études. Ayant perdu son emploi deux mois auparavant et n'en ayant pas trouvé un autre qui lui convienne depuis la rentrée, elle se sent prise au piège. Pas de job d'appoint, pas d'appartement : Marina est condamnée à cohabiter avec sa mère. Elle s'entendrait plutôt bien avec elle, si cette dernière ne lui reprochait pas sans arrêt sa paresse et son manque de combativité. La jeune fille tourne en rond dans leur trois pièces cuisine. Elle se sent coupable de ne pas être à la hauteur et il n'y a personne pour la rassurer, pas de petit ami renvoyant une image valorisante. Elle soigne son vague à l'âme en grignotant, un peu seulement. **Cependant, chaque céréale au chocolat est scrupuleusement stockée par son organisme.** Elle essuie un coup dur, il se protège. Le corps fonctionne comme un miroir grossissant. Il exprime le mal-être à sa manière. Ce peut être des crises d'eczéma, des migraines lancinantes ou une prise de poids.

Les troubles alimentaires ne sont pas la cause du mal de vivre, mais l'une des conséquences d'un mal amour de soi. Chaque kilo qui vient alourdir la silhouette est le témoin adipeux de notre vie.

Résumer un surpoids à une surconsommation de calories est une erreur encore largement véhiculée par les nutritionnistes. Comme si le corps n'était qu'une boîte gérant les entrées (la nourriture) et les sorties (l'activité physique, le fonctionnement de l'organisme). L'équation est trop simple. Les aliments ne servent pas qu'à nous nourrir. Si notre estomac était le seul organe à décider de notre alimentation, il n'y aurait pas de problèmes de poids dans nos sociétés. La tête et le cœur jouent un rôle bien plus grand.

Depuis quelques années, je suis des bodybuilders, en tant que médecin du sport. Leurs préoccupations semblent au départ à l'opposé de celles des candidats au régime. Le plus beau compliment qu'on puisse faire à l'un de ces hommes, c'est de lui dire qu'il a grossi.

Mais, derrière ces corps d' « athlètes » musclés et lisses se dissimule toujours un grand désarroi. Ces hommes sont prêts à bousiller leur sexualité, leur cœur, à coup de piqûres d'anabolisants, pour trouver une place dans la société. Ils sont souvent assez malingres au départ et ont tous souffert d'un complexe d'infériorité plus jeune. Chaque kilo arraché aux instruments de la salle de gym, était autant de victoires sur les lazzis subis auparavant. En se gonflant et en prenant du poids, ils occupent enfin un espace visible. « Regardez-moi », voilà ce que leurs corps déformés par des muscles atrophiés semblent crier à la face du monde. Leur comportement alimentaire est déséquilibré, leur vie est déséquilibrée, mais ils se sentent exister. Le plaisir n'est pas recherché avec l'autre, mais dans la contemplation narcissique de son image.

4. POIDS ET PLAISIR,
LE PRINCIPE DES VASES COMMUNICANTS

Docteur, de toute façon je suis gourmande, j'aime manger. À mon avis, ce type de réflexions est une manière de déculpabiliser la prise de poids.

Ce discours, je l'entends tous les jours. **Mais, il y a toujours une histoire derrière cette fameuse gourmandise.** Dans le cas contraire, ces femmes ne seraient pas dans mon cabinet, pas plus que vous ne seriez en train de lire ce livre, si vos relations à la nourriture étaient parfaitement claires.

Que manger soit un plaisir est une bonne chose, l'inverse serait inquiétant. Mais, à partir de quand se nourrir cesse d'être un plaisir ? Si vous subissez votre façon de vous alimenter, ingérant tout ce qui vous tombe sous la main de manière compulsive, on ne peut plus raisonnablement parler de plaisir. **Avec mes patientes, nous apprenons à faire la différence entre la satisfaction des besoins et le plaisir de manger.** La satisfaction des besoins est au plaisir, ce que l'édulcorant est au sucre. Malgré une ressemblance certaine, l'ersatz est moins bon, moins riche et laisse de l'amertume dans la bouche.

Lorsque vous recherchez une compensation immédiate, sans pouvoir vous arrêter d'engloutir les aliments, lorsque après avoir refermé la porte du frigo, vous croulez sous le poids de la culpabilité, vous accusant d'être trop faible, vraiment trop nulle, alors ne me parlez pas de plaisir.

Le plaisir renvoie à un acte conscient. On peut s'arrêter et en garder un bon souvenir. La

> **L'absence de liberté par rapport à son comportement alimentaire est une notion antinomique à celle de plaisir. L'hyper-contrôle de son alimentation, ou l'abandon à ses pulsions provoquent toujours un état de frustration.**

satisfaction des besoins est la notion inverse. On agit compulsivement, en ayant du mal à s'arrêter, ce qui finalement, ne crée que des regrets.

Cette situation crée un double sentiment de dévalorisation. Vous accusez votre manque de caractère, et vous subissez une transformation désagréable de votre corps. Je ne crois pas à la sincérité d'une femme qui me dirait que son aspect n'est pas important. En tenant ce discours, elle est complaisante avec elle-même. Il est en effet plus facile de subir son poids que d'affronter son image et ses difficultés existentielles.

Les problèmes de poids informent sur une carence de plaisir. Nous fonctionnons sur un système de vases communicants. Si nous ne trouvons pas de plaisir quelque part, nous le dénichons ailleurs. **Amener mes patientes à analyser leur notion du plaisir est une des démarches essentielles du contrat qui nous lie.**

Au cours de mes consultations, je leur fais parfois faire un petit test simple. Sur une feuille blanche, partagée en deux colonnes, je leur demande de noter les contraintes d'un côté et les plaisirs qu'elles s'accordent de l'autre. La partie droite de la page est souvent vide ou peu remplie. Leur existence semble crouler sous les astreintes de toutes sortes, une vie conjugale inintéressante ou inexistante, les problèmes des enfants, les heures perdues dans les transports, ou les ennuis au travail. La liste est longue. Elles doivent jongler entre les règles oppressantes de la société, leur envie de les enfreindre, et la nécessité de les respecter. Le garde-manger devient alors le seul espace de liberté et de volupté.

La nature en effet, ayant horreur du vide, comble cette impression de vacuité de l'existence, par la satisfaction la plus immédiate : remplir le ventre à défaut de satisfaire l'âme.

Imaginons le plaisir sous une forme de pyramide. **La hiérarchie du plaisir** obéit à une logique verticale. **Au sommet** de l'édifice, **l'amour,** qu'il soit physique ou non. **Puis,** vient **la nourriture,** si facilement accessible et dispensatrice d'une satisfaction immédiate.

La relation aux aliments est en effet étroitement liée à l'affect. Le réflexe de se jeter sur le frigo pour compenser une frustration est ancré dans la petite enfance. Le nourrisson ressent les premières manifestations de l'amour et du plaisir à travers le sein nourricier de sa mère. Le besoin du bébé est immédiatement satisfait. Il a faim, sa mère le nourrit, elle l'aime. Nous gardons tous cette équation dans un coin de notre mémoire. Nous apprenons toutefois en grandissant, à supporter un moment d'attente entre nos besoins et leur satisfaction. On parle d'attitudes compulsives lorsqu'une personne ne parvient plus à mettre de distance entre ces deux notions, besoin et contentement.

La reconnaissance et la différenciation entre la faim et la satiété sont un apprentissage. L'enfant apprend à tolérer l'attente et la frustration qui en découle. Plus tard, grâce à cette assimilation, il peut concevoir des projets et se dote de la capacité d'aimer. Ainsi, la qualité de la relation nourricière mère-enfant est capitale pour déterminer le comportement alimentaire du futur adulte. En effet, au départ, le nourrisson est ce qu'il absorbe et fusionne avec celui qui lui donne les aliments. La distanciation entre la personne nourricière et l'enfant, mais également entre l'alimentation et le bébé, c'est-à-dire entre le dedans et le dehors, est une étape essentielle pour reconnaître le soi du non-soi. Si la distinction est mal comprise dans l'enfance, l'adulte aura tendance à faire toujours l'amalgame.

Si l'amour, la plus grande satisfaction auquel l'humain puisse prétendre, est absent de notre vie, nous cherchons à téter encore une fois l'époque bénie des couches-culottes révolue. **Il est vrai que nous devenons rarement adultes par rapport à la nourriture.** Dans les phases de dépréciation, nous avons tendance à la régression. Nous sommes capables d'ingurgiter des plâtrées de bouillie ou de confiture, dont le moelleux nous ramène pour quelques instants dans les limbes sucrés et rassurants de notre enfance. Le danger est alors réel de tomber dans une véritable dépendance au sucre.

J'ai pu moi-même en faire l'expérience récemment. Mon cabinet se trouvant à proximité d'un pâtissier réputé pour ses macarons, j'ai voulu en goûter par curiosité. Je ne suis pas particulièrement attiré par les gâteaux, mais ceux-ci étaient excellents. Peu à peu, je me suis organisé un rituel quotidien. Tous les matins, il me fallait des macarons. Les jours de fermeture, j'étais en manque.

Les industries agroalimentaires ont bien compris ce processus. Elles créent un besoin de sucre, en l'intégrant en quantités importantes à toutes leurs préparations, même salées.

> **J'affirme que les sucres rapides sont un des risques alimentaires et sanitaires principaux de nos sociétés modernes pour les décennies à venir.**

Les sucres rapides n'existent pas à l'état de nature, le fructose contenu dans les fruits présentant un système d'assimilation très semblable aux sucres lents. On peut admettre *a priori* que notre corps n'a pas besoin de cet aliment pour fonctionner. L'envie puis le manque de gâteaux, bonbons, chocolat sont fabriqués de toute pièce.

Cigarettes, verres d'alcool, aliments mous et sucrés, présentent des critères d'addiction identiques, ils nous renvoient à nos premiers émois. Un point, notable, les différentie. Contrairement à la première « taffe » de blonde, ou à la première gorgée de pur malt, la toute première bouchée de sucre laisse un bon souvenir. La dépendance n'en est que plus rapide.

C'est pourquoi les fringales de nourritures salées sont moins difficiles à résoudre, car elles ne présentent pas le même degré de dépendance que l'addiction au sucre.

Nous sommes tous compulsifs par rapport à quelque chose.

Attention, je ne parle pas des boulimiques qui se font vomir pour ne pas grossir. Dans ce cas, la personne a besoin d'une prise en charge psychologique.

Meubler un manque en général n'a rien de pathologique. Cela ne doit pas être vécu comme une chose terrible. *Je m'empiffre, j'engloutis, je suis une goinfre, etc.* Ces termes dévalorisants et culpabilisants que j'entends fréquemment, reflètent rarement la réalité d'une patiente. La compulsion n'est un problème, que lorsqu'elle entraîne des conséquences, comme une prise de poids, par exemple. Il faut alors déterminer, avec le médecin, la nature de la carence.

Grignoter un ou deux chocolats est un vrai plaisir pour les papilles. Fondre sur la boîte entière en se faisant, ou non, vomir est le signe d'un besoin que l'on doit combler immédiatement. La satisfaction amère que l'on en retire est alors une perversion du plaisir véritable.

Plaisir de bouche il y a, lorsqu'il n'est pas le seul plaisir de l'existence.

L'authentique satisfaction réside dans la rareté de la tentation et dans la délectation d'y céder de temps en temps.

Passer un week-end exceptionnel dans un Palace et se faire chouchouter sans lever le petit doigt est une agréable perspective. Mais, si vous étiez condamnée à rester à vie dans un grand hôtel en demeurant oisive, vous vous sentiriez rapidement à l'étroit dans cette prison dorée.

Les règles de la diététique sont identiques. Vous pouvez vous offrir de temps en temps un bon repas en famille ou au restaurant. De temps en temps... La choucroute garnie, le cassoulet maison ou le foie gras entier sont très bons, mais pas tous les jours.

Faites-vous plaisir à l'idée de participer à un bon repas, **vous ne grossirez pas.**

5. Comment se faire plaisir, sans s'aimer ?

Dans le chapitre précédent, nous évoquions l'idée de s'offrir un bon repas au restaurant. Pourquoi pas le grand jeu, chandelles, table raffinée, serveurs discrets et jolie robe. Le programme est plutôt alléchant. Mais, car il y a un mais, c'est une personne que vous détestez qui vous propose ce tête-à-tête. Dans ce cas là, personnellement, je refuse l'invitation, car, il m'importe peu de lui faire plaisir. Me retrouver deux longues heures, sans échappatoire devant quelqu'un que je n'aime pas est un calvaire. Logique me direz-vous, vous réagiriez pareil.

Faux. Vous vivez en permanence avec une personne que vous dévaluez, que vous accusez d'être coupable de toutes les faiblesses possibles et qui vous rebute physiquement. Le hic, c'est que vous ne pouvez pas éviter cet odieux personnage. Il s'agit de vous-même. Soit, dans un silence douloureux et pénible, vous continuez à supporter cette co-locatrice indélogeable, soit, vous vous réconciliez avec cet interlocuteur qui cohabite en vous.

Pourquoi chercheriez-vous à vous faire plaisir, si vous ne vous aimez pas ? Pourquoi mincir, si vous le faites contre vous-même ? Pour casser la spirale infernale de la prise de poids, il faut rétablir le dialogue avec votre personnage. Interrogez-vous sur l'authenticité de votre démarche. Affirmer que si vous perdiez 20 kg, vous vous aimeriez davantage, c'est prendre le problème à l'envers. Si vous ne vous aimez pas à la base, vous ne ferez pas cet effort avec sincérité. Résultat, vous allez sans doute parvenir à maigrir, ce n'est pas le plus difficile, mais vous reprendrez rapidement vos kilos.

Je ne suis pas psychothérapeute. Les réflexions que je livre ici, sont le fruit de vingt années d'écoute et de soin auprès de femmes très dissemblables. Sauf sur un point, elles ont toutes, à un moment donné, du mal à vivre avec elles-mêmes.

À la différence d'un psychologue, je pense que parvenir à se comprendre est nécessaire mais n'est pas suffisant. Beaucoup de mes patientes sont en analyse depuis des années, sans que cela influe réellement sur leur poids. Pour citer Friedrich Hölderlin, écrivain allemand de la fin du XVIIIᵉ siècle : *l'intellect pur n'a jamais rien produit d'intelligent, ni la raison pure, rien de raisonnable.*

L'analyse est une voie à explorer, pas un dogme. Un travail exclusivement analytique, ne permet pas de s'aimer. De se comprendre, certes. Mais sans compassion, l'approche est stérile.

Un surpoids conduit à un rejet de son image. On **refuse** ce corps que l'on ne reconnaît plus ou qui n'a jamais été accepté. Après quelques semaines de régime, et une poignée de kilos en moins, la patiente **se tolère,** encouragée par les premiers signes de succès. Puis, elle finit par **s'accepter,** par s'arranger de ce corps retrouvé. Stade final généralement, de sa démarche. Mais combien de temps tiendra-t-elle ? **L'accepta-tion ne suffit pas, elle ne permet pas de répondre à la véritable demande non for-mulée** *je suis mal dans ma peau.*

L'amaigrissement n'est qu'un moyen, pas LE moyen de retrouver une complicité avec soi-même. Pour être valable, il doit s'accompa-gner de **compassion** pour soi. Compassion, s'aimer avec..., avec nos défauts et nos lacunes, avec nos problèmes au boulot et les disputes conjugales. Bref, elle nous permet de prendre du recul, de nous regarder à nouveau dans une glace, avec lucidité et surtout une bonne dose d'humour et d'autodérision.

Jacqueline, depuis quelle a parcouru ce che-min, conserve toujours dans son sac une photo de « sa vie d'avant » comme elle dit. Avant, c'était l'époque où elle affichait 30 kg de plus sur la balance, où elle cachait ses rondeurs sous d'informes pulls grisâtres. Une épaisse frange dissimulait son regard aux yeux du monde. Elle n'a pas d'albums photos. Les rares images qu'elle possède ont été prises un peu malgré elle au cours de fêtes de famille. Durant ces années de mal amour, elle ne pouvait littéralement pas se voir en photo. Elle ressentait de la colère, du dégoût même à l'encontre de cette femme qui lui paraissait si faible.

Aujourd'hui, elle regarde son image avec respect. Elle éprouve de la compréhension pour la souffrance d'hier.

L'amour de soi, étape ultime qu'est parvenue à atteindre Jacqueline, est la plus douloureuse. **Mais quelle est la différence entre l'amour et l'acceptation ?** C'est la même qu'entre les sentiments que vous portez à vos enfants et ceux que vous portez aux rejetons des autres. On accepte ces derniers, à condition qu'ils soient sages, pas trop bruyants et qu'ils ne fracassent pas tous vos bibelots ramenés de vos vacances depuis dix ans. Si l'une de ces exigences n'est plus remplie, les meilleurs copains de notre progéniture deviennent *persona non grata* à la maison. Vous ne les tolérez plus. Au contraire, vous acceptez vos enfants sans conditions. Vous les chérissez par essence. Ce n'est pas parce qu'ils font une bêtise que vous arrêtez de les aimer.

Le cheminement devrait être identique pour soi-même, s'accepter sans clauses restrictives, sans poser d'ultimatums liés à l'amour, à la réussite professionnelle, à la famille ou à l'argent. Lorsque tout va bien, un couple uni, des enfants épanouis et en bonne santé, un boulot agréable, il n'y a aucun rejet de son image. Le poids n'est pas un problème. Même s'il y a des kilos en trop, l'amaigrissement ou la stabilisation se font naturellement, sans y penser.

Mais cette vision idyllique reflète rarement la réalité. Il y a toujours un détail qui achoppe et empêche de vivre pleinement sa vie. Une brèche dans laquelle s'engouffrent les doutes et qui fait vaciller la perception de soi.

Lorsqu'on regarde en arrière, on constate fréquemment que l'on s'est oublié sur le bord de la route. La prise de poids et les difficultés à maigrir s'accompagnent de cette disparition de soi.

Comment se faire plaisir, si on n'a perdu l'impression d'exister ?

Beaucoup de mes patientes, vivent le bonheur par procuration. À travers la réussite professionnelle ou les passions du conjoint, ou grâce aux petites joies quotidiennes données par les enfants. *Je n'ai pas le temps, docteur de m'occuper de*

moi. **Or, cette notion de temps est vitale.**
Elle est sans doute plus présente encore pour les
femmes que pour les hommes. Une fois rentrés
du travail, ces derniers s'octroient plus facilement
le droit de s'écrouler dans un fauteuil, un verre
dans une main, la télécommande dans l'autre et
de ne rien faire. Les femmes souvent, préparent
le repas, supervisent les devoirs et donnent le
bain aux enfants. La journée de mes patientes
s'achève rarement avec les heures de bureau.

Pourtant, ces petits moments que l'on garde
pour soi, pour rien, pour le plaisir d'un bon livre
ou d'une virée entre amis, d'instants à s'enduire
de masque aux concombres ou de quelques heures de lèche-vitrines, sont essentiels pour se
retrouver.

Nathalie, après deux ans d'efforts, est parvenue à perdre 40 kg. Je l'ai vue progressivement
se transformer. Sa silhouette a changé bien sûr,
mais il s'agit de beaucoup plus que cela. Elle a
pris de l'assurance, son regard et son maintien se
sont affermis. Je me souviens d'une de nos dernières consultations. Elle exultait, radieuse dans
sa robe colorée, elle qui ne portait que du noir.
Elle avait osé ce qui était encore inimaginable
quelques semaines auparavant, acheter des vête-
ments qui lui plaisent, qui la mettent en valeur au
lieu de la dissimuler. Elle s'était fait plaisir et en
ressortait valorisée à ses propres yeux.

Mais nombre de femmes oublient de se faire plaisir, parce qu'elles n'y pensent même plus, ou parce qu'elles estiment ne pas en valoir la peine. Pourquoi perdre un temps si précieux avec ce personnage que l'on n'aime pas ? Généreuses avec leur entourage, elles sont exigeantes et dures avec elles-mêmes.

Hantées par une sorte d'inaptitude au bonheur, à quoi bon en donner et en prendre avec ce corps et cette image effacés.

Dans notre civilisation consumériste, mais paradoxalement si culpabilisante, les femmes continuent à payer la faute originelle et à se refuser le droit élémentaire à l'existence.

Quand elle a arrêté les consultations, Nathalie était bien dans sa peau. Rien de narcissique à sa transformation, au contraire l'énergie et de la joie de vivre, semblaient irradier d'elle.

Reconstruire une complicité avec elle-même l'avait poussée à s'ouvrir aux autres.

La compassion, en effet, nous parle d'agir et de se pardonner, d'avoir le courage de regarder sa vie en face sans évitement, mais avec beaucoup de sympathie pour soi et pour les autres du même coup. Lorsqu'elle regardait en arrière et voyait tout le chemin parcouru depuis sa première consultation avec moi, elle était légitimement fière.

À l'inverse, entretenir une relation malsaine avec son personnage que l'on déteste, invite au repli sur soi. La complaisance s'épanouit dans le ressassement des souffrances et dans la victimisation. Parvenir à s'aimer, ce n'est pas toujours trouver une justification à sa situation.

Est-ce aimer son enfant que de lui laisser tout faire, lui excuser toutes ses bêtises sans l'aider à les comprendre pour ne plus les refaire. Dira-t-on d'un parent qu'il est aimant parce qu'il laisse son petit garçon jouer avec la gazinière, sous prétexte de ne pas le contrarier ?

Et vous, êtes-vous prêtes à faire un bilan sincère de votre vie, sans alibis larmoyants ?

Faire un régime demande du courage. C'est accepter le sacrifice d'habitudes profondément ancrées.

Pour que la démarche soit un succès, maigrir demande d'être en harmonie avec soi-même.

6. MAIGRIR, UN SACRIFICE OU UN CADEAU ?

Il ne faut pas se leurrer, entamer un régime demande beaucoup d'efforts, si la démarche est sincère. Vous allez faire un énorme sacrifice. Celui des habitudes alimentaires, des nourritures riches et réconfortantes, et pendant un certain temps, vous allez vraisemblablement faire l'impasse sur vos relations sociales.

La question *sine qua non,* est donc de savoir si l'enjeu de perdre du poids vaut ce renoncement. Posez-vous la question : **est ce que j'en vaux la peine ?**

Quand on n'aime pas quelqu'un, il ne nous vient pas à l'idée, de se sacrifier pour cette personne. À l'inverse, nous serions prêts à tout changer, tout donner si nos enfants en avaient besoin. Dans ce cas, l'enjeu est tel que nous avons à peine conscience de faire un sacrifice.

Mais d'abord, **qu'est-ce que ce sacrifice lié au régime ?** Il y a plusieurs façons de le vivre. Si vous l'appréhendez comme **une privation** insupportable, que vous vous sentez punie chaque fois qu'un carré de chocolat passe devant vos yeux, arrêtez tout. Votre démarche est vouée à l'échec. Vous n'êtes pas prête encore à vous faire ce cadeau de perdre du poids.

Certaines de mes patientes vivent le régime, comme un mal nécessaire, **un traitement** en quelque sorte. C'est le cas d'Éloise, 17 ans. *J'allais mal, mon surpoids que je supportais depuis le début de l'adolescence était une souffrance. J'ai donc pris rendez-vous chez un médecin pour guérir. J'ai suivi ce régime comme on suit un traitement pour soigner une grippe, parce qu'il le fallait.* Lorsque vous avez une infection par exemple, vous ne vous posez pas la question de savoir si l'antibiotique est bon ou mauvais, ou si le traitement est trop contraignant. Vous avez de la fièvre, vous souffrez, vous vous soignez.

Mais attention, par traitement, j'entends une approche globale du problème. Il ne s'agit pas seulement pour le praticien de prescrire des sachets ou une méthode spécifique, mais d'entendre les maux derrière le poids. Je le répète, on n'aborde pas un régime avec sincérité, par une simple approche diététique. D'où la nécessité d'inscrire ce processus dans une association médecin–patient.

Et puis, il y a une troisième façon de faire ce sacrifice, c'est de le vivre comme une **aventure que l'on s'offre, pour aller jusqu'au bout de soi.** Partir à la découverte de soi, cette *terra incognita,* cachée sous la masse de nos peurs.

Christine a 32 ans, et presque autant d'années d'obésité. Son passé pèse lourd et l'empêche d'être heureuse. Un enfant et un mariage plus tard, Christine décide de se défaire du poids de ses souvenirs.

Elle est résolue à se séparer de ce corps, cet étranger qu'elle refuse de regarder dans un miroir. Pour elle, il n'est qu'une enveloppe mal taillée, un ennemi envahissant, qui cache sa véritable personnalité aux autres.

Ce n'est pas sa première tentative. Elle compte près de dix-sept ans de régime derrière elle. Elle a plongé bien sûr dans le cycle infernal des kilos yo-yo. Elle est montée jusqu'à 110 kg. Lorsqu'elle a été persuadée que jamais elle ne parviendrait à avoir une silhouette normale, elle s'est jetée sur la nourriture avec voracité. *J'ai recherché des repas lourds et consistants comme ceux de mon enfance.*

Une enfance plutôt heureuse, jusqu'à la mort de ses parents. *On était tous gros. Au milieu de cette exposition vivante de Botero, je ne me sentais pas du tout anormale. La famille était un véritable refuge, un cocon, qui me protégeait des agressions extérieures.*

Lorsque Christine s'est retrouvée seule au monde, à peine adulte, elle s'est accrochée aux kilos comme à des bouées de sauvetage. Jusqu'au jour où elle a cessé d'entretenir son passé dou-loureux. *Il était devenu une sorte d'excuse à mon obésité. J'étalais ma souffrance aux yeux du monde. J'entretenais vis-à-vis de moi-même une coupable complaisance. En rabâchant mes problèmes, j'évitais soigneusement de me regarder en face et de me sentir responsable de ma vie. Je me contentais de la subir. Aujourd'hui j'ai décidé d'agir.*

Cette patiente, s'est lancée à corps perdu dans la démarche de maigrir. *C'est mon Annapurna, raconte-t-elle. J'étais comme l'alpiniste qui abandonne les sacs trop lourds au camp de base et qui attaque lente-ment la montagne. Il est seul dans son effort, seul à comprendre pourquoi il lui est vital d'atteindre le som-met. Il a des moments de doute, où la fatigue, la soli-*

tude le poussent à renoncer. *Mais l'appel des cimes malgré tout est plus fort. Et une fois là-haut, sur le toit du monde, quelle perspective. Le monde lui appartient.*

Il n'y a pas de joie sans peine. Les patientes qui obtiennent les résultats souhaités s'y tiennent généralement. Plus le poids est important, plus il est difficile à perdre, et plus la détermination de ne pas regrossir est solide. Quand ces femmes regardent en arrière et contemplent le chemin parcouru, les sacrifices consentis, elles en ressortent plus fortes, plus sûres d'elles. Elles ressentent une légitime fierté, parfois un peu surprises d'avoir relevé enfin le défi des kilos.

Toutes, qu'elles aient entamé la démarche comme un traitement, ou comme une aventure, ont l'impression au bout du compte de s'être suffisamment aimée et de s'être retrouvée.

Quand je regarde une ancienne photo de moi, je contemple cette femme et je me dis qu'elle a l'air très malheureuse, qu'elle ne s'aime pas beaucoup pour avoir cette allure. Bien souvent, mes patientes après avoir réussi à perdre leur poids, parviennent à changer leur regard sur ce qui était objet de haine et de rejet, en un sujet de compréhension.

Il n'y a finalement que **deux façons d'entreprendre un régime.** Soit avec **complaisance,** c'est-à-dire en entretenant sa souffrance, et en perpétuant un statut de victime qui subit. Soit avec **compassion,** au sens de l'empathie. C'est-à-dire en parvenant à prendre du recul par rapport à ses problèmes, et agir, avec amour pour soi.

7. AVOIR OU ÊTRE

La plupart d'entre nous passe son existence à courir après des chimères. Avoir ne renvoie pas seulement à une soif de biens matériels. Nous voulons certes avoir de l'argent, mais avoir du bonheur (et la maison, les enfants studieux et sympathiques, le travail valorisant qui vont avec), avoir de l'amour et des passions... avoir un poids idéal...

Quand on s'arrête devant la photo d'une star de cinéma ou du ballon rond, on pense souvent, *elle a tout pour être heureuse.* Mais est-elle heureuse ? Le fait d'avoir ne suffit pas, les journaux à scandales le savent bien.

Avoir nous empêche d'être, tout simplement parce que cela nous projette dans l'attente d'un résultat, d'un but qui n'est jamais satisfait. Le temps qui passe est un adversaire quand les choses n'arrivent pas assez vite.

Que signifie être à soi-même ?

Le temps se scinde en trois parties, le passé, le présent et le futur.

Ce qui est rare est précieux.

Le passé est-il rare ? Non, tellement peu d'ailleurs que lorsque nous sommes tournés vers notre passé, **nous ne voyons plus le temps présent.** Les souvenirs parfois trop lourds grèvent notre vision de l'instant. Nous entretenons avec ce passé une étrange relation perverse, où la complaisance vis-à-vis de nos souffrances, nous donne à tort le sentiment d'exister.

Le futur alors est rare ? Non plus, il arrive inéluctablement. Pourtant, nous choisissons la fuite en avant. Nous nous projetons dans un avenir hypothétique, à travers une course vaine et absurde à la possession, dans l'espoir d'avoir toujours mieux. Bref, **le futur fantasmé nous condamne à subir le présent.**

Je demande parfois à mes patients ce qu'ils faisaient dans la salle d'attente.

Absolument rien, j'attendais que mon tour arrive...

On part au travail et on attend la fin de la journée. Dès le début de la semaine, on pense au week-end. En septembre, on rêve déjà de repartir en vacances, puis on espère la retraite pour s'occuper enfin du jardin laissé en jachère depuis trente ans. Un jour finalement, assis sur un fauteuil, on n'attend plus que la mort... sans avoir jamais réussi à prendre la vie à pleine main, puisque demain était forcément meilleur.

On passe notre vie sur un quai de gare, à attendre que quelque chose se passe. Souvent, notre vie n'est pas celle dont on rêvait. Votre mari finalement n'a rien du prince charmant, votre travail vous stresse et vous donne peu de satisfaction, et pour couronner le tout, vos chers enfants sont devenus d'affreux adolescents revêches.

Quand bien même ce que vous attendiez arrive, la déception vous pousse à espérer encore autre chose.

La quête d'avoir nous entraîne vers la notion de besoin, alors que la quête d'être nous ouvre les portes du plaisir.

Au lieu de vouloir avoir plein d'amis, on veut être ami. Au lieu d'avoir de l'amour, on souhaite aimer et être aimé. Plutôt que d'avoir un corps, il faut parvenir à être ce corps, à le réintégrer comme partie inhérente de soi.

Alors, qu'est-ce qu'exister ? **Exister, c'est être présent.** Lorsque vous aimez quelqu'un, il existe à vos yeux. S'il est présent auprès de vous, vous êtes heureux. S'il disparaît, tout s'écroule autour de vous. À l'inverse, il vous importe peu de savoir ce qui arrive aux personnes que vous ne connaissez pas. Elles n'existent pas pour vous.

Être, c'est se prendre suffisamment en compte pour se donner le droit d'exister.

C'est aussi à chaque instant qui passe, prendre une part active à la vie. **Dans le présent, on ne subit pas les événements, on agit sur eux.** Je pose parfois cette question anodine mais si révélatrice : *Que faites-vous en ce moment ?* Il est rare qu'un patient me réponde spontanément qu'il est assis en face de moi pour trouver une solution à son problème de poids. Pourtant, au moment où je pose la question tel est bien le présent vécu par cette personne et par moi-même.

Les patients qui viennent me consulter, ne se sont pas vus grossir au fil des mois ou des années, oubliant d'exister pour eux-mêmes durant cette période.

Je suis pour ma part présent, lorsque je reçois quelqu'un dans mon cabinet. Je m'implique dans l'histoire du patient, car il n'y a pas de gens importants ou pas. Surtout, il n'y a pas de moments inutiles dans une journée.

Rainer Maria Rilke, écrivait dans ses *Lettres à un jeune poète* (1903) : *Si votre quotidien vous paraît pauvre, ne l'accusez pas, accusez-vous vous-même de ne pas être assez poète pour appeler à vous ses richesses. (...) Rien n'est pauvre, il n'est pas de lieux pauvres, indifférents.*

Le présent est une notion intemporelle. Soit, il est permanent, soit il n'existe pas. C'est à nous d'en décider. En vivant chaque instant intensément, la vie est remplie. Il n'y a plus ce vide créé par l'attente ou les regrets à combler. La plénitude nous parle de plaisir. Tous les petits moments agréables de la journée mis bout à bout finissent par former du bonheur... d'abord celui d'être conscient d'exister.

CONCLUSION :
PERDRE DU POIDS POUR SE RETROUVER

> *Le désir et l'amour visent à retrouver le tout dont nous avons été séparés, à réintégrer une union brisée.*
>
> Platon (vers 384 av. J.-C.), *Le banquet.*

Si un seul mot pouvait résumer la problématique du poids, ce serait le mot **dissociation.**

Il y a d'abord une dichotomie entre ce que j'appelle « **soi** » et « **son personnage** ». Ce personnage représente son passé, ses expériences et son aspect. Mais, si ce personnage ne correspond pas à ce qu'on aurait aimé pour soi, on le rejette et on se dissocie de lui. **Prendre du poids, c'est une manière de se protéger derrière cette forteresse de chair,** en laissant à ce décevant personnage le soin de prendre les coups du sort.

Les personnes en surpoids ont tendance également **à désunir leur image.** Elles tolèrent le haut du corps, mais refusent de regarder la partie inférieure. Lorsqu'elles acceptent de poser pour une photo, c'est presque systématiquement pour un portrait. **Leur corps est deux.** Chaque partie mène une existence indépendante de l'autre.

La tête et le cœur également sont dissociés. La tête connaît les raisons des souffrances, mais le cour ne les accepte pas, ne les intègre pas. La compréhension sans compassion aboutit à une quête stérile. La simple acceptation ne suffit pas à s'aimer.

Je pense à une patiente qui avait suivi une psychothérapie « pour se comprendre ».

Honnêtement, pourquoi essayer de comprendre ce que l'on n'aime pas ? Je me moque complètement des passants qui traversent la rue devant moi. Je n'éprouve aucune empathie pour eux, je ne les connais pas. Quoi qu'il leur arrive, je n'en serais pas affecté. Par contre, si un de mes amis rencontre des difficultés, non seulement j'essayerai de les comprendre, mais je le soutiendrai.

Notre existence s'organise autour de trois axes, sorte de sainte trinité existentielle : moi, ma vie et la vie en général. S'il y a un fossé entre ce que j'espère pour moi et la vie réelle, je vais être fâché contre la vie.

Il faut donc renouer le dialogue avec l'existence et cesser de vivre dans l'attente d'un bonheur que l'on s'empêche de réaliser par notre pas- sivité. Il est inutile de scruter sa vie par le petit bout de la lorgnette. Il faut admettre qu'elle est partie intégrante de l'Existence. Elle forme un tout.

Au cours d'un régime, on assiste à une réuni- fication des patients entre le soi et le personnage, à une harmonisation de leur corps. Le succès de leur démarche leur donne une fierté légitime et les pousse non seulement à s'accepter mais sur- tout, à s'aimer davantage.

Il faut être attentif à l'évolution de ces patients. Avant de maigrir, ils sont dans la dissocia- tion. Cependant, cette perception d'eux-mêmes constitue une sorte d'équilibre, bancal certes, mais équilibre tout de même, dont ils connais- sent les règles.

Lorsque les personnes commencent à perdre du poids, elles se retrouvent nues. Elles n'ont plus le rempart de leur person- nage qui les protège des autres, et du « soi » surtout.

C'est une période délicate, de grande fragilité, lorsque l'on se met à retrouver son unicité. Je me souviens de l'un de mes jeunes patients, qui après avoir commencé le régime avec succès, s'est mis à vomir uniquement à l'idée de man- ger. Cette période de transition a duré un mois environ. *Je vivais dans la peur. Peur de me retrouver, peur du changement. Durant des mois avant de com-*

mencer la diète, j'avais le sentiment que ce corps lourd, n'habitait pas chez moi. Je n'en avais plus l'usage d'ailleurs, ni dans la séduction par rapport aux autres, ni vis-à-vis de moi-même. Je ne me regardais plus dans un miroir. Moi qui étais plutôt sportif, je ne faisais plus aucune activité physique avec ce corps étranger. Le régime m'a mis au cœur du sujet : moi. Il a été un formidable déclencheur, le sentiment retrouvé que ce corps, c'était le mien. Il a bien fallu apprivoiser cette idée. Les questions se sont bousculées durant le régime. Le cycle s'est ouvert par la peur, et se termine par l'amour. Il m'a permis de transformer ma vision duale de mon personnage en un être unique, de faire coïncider le corps et l'esprit.

Le rôle du médecin est donc essentiel. Il doit être particulièrement attentif au moment de cette mue.

C'est pourquoi il est capital que le praticien établisse un contrat de confiance, non seulement au moment du régime, mais aussi pendant la phase de stabilisation, pour accompagner le patient au cours de ses retrouvailles avec lui-même.

Je laisse le mot de la fin à mon parient : *Ce n'est pas parce qu'on apprend à s'aimer que l'on nage dans un bonheur béat. On apprend simplement à ne plus culpabiliser sans arrêt, et on retrouve surtout la notion de plaisir, non seulement par rapport à la nourriture, mais par rapport à sa vie en général.*

DEUXIÈME PARTIE

LA QUESTION DES RÉGIMES

La possibilité d'éprouver du plaisir, quelle qu'en soit la source, repose sur la capacité de jouir de la toute première relation au sein maternel. [...] Il faut que le plaisir d'être nourri ait été vécu sans mélange et à de très nombreuses reprises.

Mélanie Klein, *Envie et gratitude,*
Gallimard, 1978.

En guise de préambule :

Pompiers et maçons ne font pas le même métier

Aucun régime n'est définitif. Maigrir est une première étape, nécessaire mais pas suffisante. Le véritable enjeu est de parvenir à stabiliser son poids avec rigueur et surtout avec plaisir. Se maintenir après une perte de poids, c'est souvent réapprendre sa relation à la nourriture, une relation plus saine, sans aliénation.

Cela me fait penser à la métaphore du pompier et du maçon. Imaginez qu'un incendie ravage votre maison. Vous allez faire appel aux pompiers pour l'éteindre. Ils vont s'appliquer à noyer toutes les flammèches pour que le feu ne reprenne pas, et ils ne partiront de chez vous que lorsqu'ils seront sûrs que vous ne craignez plus rien. Toutefois, si vous oubliez d'éteindre une cigarette, vous risquez à nouveau de rallumer un foyer d'incendie. Les pompiers n'en seront pas responsables. Ils reviendront et referont leur travail.

Une fois que vous serez en sécurité, vous n'accuserez pas ensuite les soldats du feu de ne pas reconstruire votre habitation. Ils sont très compétents dans leur domaine, mais celui-ci s'arrête quand s'éteignent les dernières fumées du sinistre.

Pour rebâtir les murs, consolider les charpentes, vous ferez appel à un maçon ou à un charpentier. Chacun son rôle.

Toutes proportions gardées, le raisonnement est identique pour les régimes. Pourquoi leur reprocher des échecs, eux qui ne peuvent pas se défendre. Un régime peut vous faire maigrir, mais pas stabiliser, ce sont deux réalités bien distinctes. Si on ne le comprend pas, on ne peut pas réussir un amincissement durable et serein.

En France, deux femmes sur trois suivent au moins un régime durant l'année. De manière ponctuelle pour la plupart, mais certaines se restreignent en permanence, vivant une relation coupable et frustrante avec la nourriture. Il résulte de cette détresse quotidienne la nécessité de trouver des solutions pratiques au surpoids.

Si vous lisez ce livre aujourd'hui, c'est que vous tenez non seulement à analyser les raisons de votre problème de poids, mais que vous cherchez aussi une réponse concrète à votre souffrance.

Toute la première partie de l'ouvrage, a été consacrée aux causes profondes des difficultés à maigrir. Elle vous a permis de comprendre pourquoi vos tentatives se soldaient inévitablement par un échec.

Si désormais, votre tête et votre cœur surtout, ont saisi les raisons intimes qui bloquaient la perte de poids, si vous êtes prêtes à faire le sacrifice de vos mauvaises habitudes alimentaires, alors, j'ai un contrat à vous proposer, qui vous aidera à abandonner les kilos qui vous embarrassent et surtout à ne pas les reprendre.

Je n'ai pas de solution miracle à vous offrir, mais le fruit de dix-huit ans d'expérience et d'écoute auprès de patientes présentant des pathologies variées.

J'y ai acquis la conviction que tous les régimes font maigrir. Perdre du poids en fait est assez simple, en reprendre également. À chacun, régime, patient et praticien, de jouer son rôle. La diète éteindra l'incendie du surpoids, mais ne vous reconstruira pas. Là, c'est à vous, à moi, d'intervenir.

1. Il n'y a pas de querelles d'école

Chaque personne qui franchit le seuil de mon cabinet, est unique. On n'entame pas un régime comme on entre en religion. Je n'assène aucun dogme à mes patients. J'adopte une approche spécifique à chaque type de problème. Il ne s'agit donc pas ici d'entrer dans une polémique stérile opposant différents régimes. Je vais par contre vous démontrer la cohérence et par là même la pertinence de mon approche.

Je débute chaque consultation par une enquête alimentaire, afin premièrement de connaître le comportement alimentaire du patient et deuxièmement de comprendre l'histoire de son poids. C'est ce qu'on appelle l'anamnèse. À la suite de ce bilan, je peux déterminer la démarche à suivre.

— Si j'ai devant moi une personne qui **mange à la fois en trop grande quantité et de façon déséquilibrée,** c'est-à-dire qui consomme des aliments riches en lipides et en glucides, je corrige les erreurs de comportement alimentaire. Je réduis les excès de sucre et de graisse, je privilégie les légumes et les protéines animales maigres (poissons et viandes blanches, œufs...).

Ce sont surtout **les hommes** qui correspondent à ce profil, avec un penchant pour les lipides, sous forme de fromage ou de charcuterie. Les femmes ont plus d'attirance pour les sucres rapides.

Manger trop de fromage ou de pain, trop de charcuterie ou d'alcool fait certes grossir. Mais, contrairement aux idées reçues, les patients qui viennent me consulter présentent rarement un excès de lipides. Depuis trente ans, les médecins et les médias parlent des dangers du cholestérol. En général, les gens font attention à leur consommation de graisse, même ceux qui sont en surpoids. Les seuls lipides que l'on retrouve au cours de l'enquête alimentaire, sont contenus dans le fromage et dans la charcuterie.

Parfois, supprimer ou réduire simplement ces aliments, et diminuer l'apport calorique à 1 200 ou 1 400 Kcal, suffit à entraîner une perte de poids satisfaisante. **Dans ce cas précis, la simple correction est donc suffisante pour un résultat à court terme.**

Mais à moyen ou long terme, il faut corriger les mauvaises habitudes alimentaires. Cela signifie, un suivi médical, nécessaire à mon sens, pour éviter de reprendre les kilos perdus. En effet, pour la plupart des gens, manger normalement, c'est manger comme avant. C'est faux bien sûr, puisque à la base, c'est le comportement alimentaire qui est en cause.

En réalité, ce cas de figure n'est pas et de loin le plus fréquent.

La solution banale que je viens de vous proposer, correspond au discours banal que l'on vous tient tout le temps. Vous n'avez rien appris que vous ne sachiez déjà.

Devant ce type de patients, j'opte généralement pour une deuxième solution. Je leur propose de suivre un **régime dissocié.** C'est une bonne alternative pour quelqu'un qui ne veut pas suivre de diète protéinée. Si au bout d'un certain temps, la dissociation n'est plus suffisante pour la perte de poids, alors, nous nous tournons vers les protéines recomposées.

Attention, l'expression régime dissocié a été beaucoup galvaudée. On range pêle-mêle dans cette rubrique, les régimes Shelton, Gesta, Montignac...

Pour ma part, voilà ce que j'entends par régime dissocié : Séparation des glucides et des lipides. L'excès de sucre fait grossir, l'excès de graisses fait grossir, on les dissocie. Par contre, l'équilibre alimentaire est maintenu sur la journée, mais pas au cours d'un même repas.

C'est un peu comme à l'école. Lorsqu'il y a deux élèves turbulents dans une classe, à défaut de les exclure, le professeur les tient éloignés. Ils recevront les mêmes enseignements, mais pas en même temps.

CONCRÈTEMENT, COMMENT EST-CE QUE L'ON PROCÈDE ?

Le matin. Petit déjeuner normal avec pain ou céréales, un laitage et un fruit éventuellement.

À midi. Le déjeuner est souvent pris à l'extérieur. Je conseille une viande ou un poisson maigre, des légumes verts et un yaourt. Il faut par contre exclure les féculents.

L'après-midi. Un fruit ou un substitut « gâteau de régime ».

Le soir. Un potage de légume, une portion correcte de féculent (150 à 200 g pesés cuits), un fruit ou une compote.

Attention très peu ou pas de matières grasses dans le repas du soir.

Les spaghettis noyés sous une montagne de parmesan ou de gruyère râpés font grossir, pas un plat de pâtes aux tomates fraîches et au basilic, agrémentées d'une petite cuillère d'huile d'olive.

Les frites aussi font grossir, pas les pommes de terre à l'eau !

Vous pouvez garder un peu de viande ou de poisson maigre au dîner si vous ne pouvez pas vous en passer.

Attention enfin au pain, au vin et au fromage.

La règle importante est de dissocier les glucides et les lipides. Vous pouvez par contre associer glucides et protides, ou lipides et protides.

On constate en effet, qu'à l'état de nature, à
l'exception des oléo-protéagineux (c'est-à-dire
les fruits secs comme les amandes par exemple), il
y a très peu d'association entre les glucides rapides et les lipides. Les fruits ne sont pas gras, les
féculents ne sont pas gras. Par contre, la viande
contient des graisses mais pas de sucre, et les
sucres lents comme les légumes secs, comptabili-
sent également des protides. Il existe un certain
déterminisme naturel, qu'on ne peut ignorer.

Ce régime est compatible avec une vie normale. De plus, il n'est pas carencé, puisque l'on
mange de tout en quantité suffisante au cours
d'une journée. Je le conseille aux personnes qui
ont tendance à mal manger et à prendre facilement du poids.

Une fois les kilos perdus, on peut bien sûr se
permettre de faire des écarts. À condition qu'ils
restent bien des écarts, et ne redeviennent pas
une habitude. Un écart qui se répète se transforme en mauvaise habitude.

— Je peux également me trouver face à des
patientes qui présentent des **troubles hormonaux.** Il peut s'agir d'un dysfonctionnement de

l'hypophyse, petite glande située à la base du cerveau, et qui agit sur toutes les autres glandes, d'un dérèglement de la thyroïde, de problèmes au niveau des gonades (ovaires), ou de désordre de la glande surrénale.

Certaines souffrent de diabète sucré dû à une désorganisation du pancréas qui ne produit plus correctement l'insuline.

La mise en évidence de ces dysfonctionnements et la correction de ces troubles par la prise d'un traitement hormonal pour la thyroïde, l'hypophyse, les gonades et les surrénales, ou d'antidiabétiques oraux pour le diabète sucré, permet d'arrêter la prise de poids lorsque le bon dosage est trouvé. Mais, ces thérapies n'entraînent jamais d'amaigrissement ! Il est donc nécessaire de faire un régime adapté, en plus.

— Le troisième cas de figure est de loin le plus fréquent. Il s'agit en général d'une femme, qui certes mange mal, peu équilibré, avec fréquemment mais pas systématiquement une attirance particulière pour les sucres rapides. Par contre elle ne mange pas forcément beaucoup. On est devant **un problème qualitatif et non quantitatif.** Dans le cas présent, une réduction des calories et un simple rééquilibrage ne suffisent pas à lui faire perdre du poids de manière satisfaisante.

C'est le cas des femmes qui mangent de manière désorganisée. Quand elles mangent seules, sur le pouce, debout devant leurs frigidaires, on ne peut pas parler de vrai repas, c'est du grignotage.

COMPOSITION DE LA MASSE CORPORELLE MOYENNE

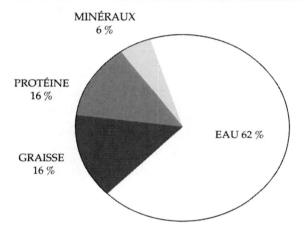

**Lors de perte de poids on peut perdre :
l'eau, la graisse, les muscles**

Ce qui nous intéresse surtout c'est la perte de graisse et pas du muscle

2. Pourquoi n'arrive-t-on pas à maigrir ?

Ce type de patients présente rarement des dysfonctionnements hormonaux flagrants. Mais ces hommes et ces femmes ont un **métabolisme paresseux,** c'est-à-dire que les fonctions hormonales ne remplissent pas exactement leurs rôles. Il existe une inégalité évidente par rapport à la nourriture.

On évoque beaucoup aujourd'hui un syndrome appelé **syndrome polymétabolique ou syndrome X.** Il est directement lié au dysfonctionnement de l'insuline. On a négligé ce point très longtemps, préférant mettre l'accent sur les autres dysfonctionnements hormonaux.

Je me souviens notamment de deux de mes patientes, Yael et Martine. Elles désespéraient de ne jamais pouvoir maigrir. Elles manifestaient une propension au diabète de type II des problèmes thyroïdiens, un surpoids certain et un dysfonctionnement de l'insuline. Mais personne n'a été capable de mettre un nom sur leur pathologie. Elles ont tenté pendant des années de traiter les symptômes séparément, sans résultats. On ne leur avait jamais dit ce qu'elles avaient. Pourtant, 50 millions d'Américains souffrent de syndrome polymétabolique.

On s'est beaucoup focalisé sur l'hypothyroïdie. Étudiant, j'ai appris que les sujets souffrants d'hypothyroïdie ne pouvaient pas perdre du poids. Conséquence, pendant longtemps, les médecins ont baissé les bras face à cette maladie. En effet, les traitements contre cette pathologie (prise d'extraits thyroïdiens), permettent d'arrêter la prise de poids, mais pas d'en perdre.

En plus, les régimes hypocaloriques classiques n'étaient pas efficaces pour ces patients qui présentent un métabolisme de base plus bas que la moyenne.

Aujourd'hui, les hypothyroïdiens sous traitement maigrissent aussi bien que les autres, si le régime est correctement pensé. Il suffit d'agir sur leur métabolisme, en les mettant en cétose, c'est-à-dire en régulant leur production d'insuline à l'état basal.

On pensait jusqu'à une période récente, que chaque prise de poids était liée à une cause hormonale précise. On se rend compte aujourd'hui qu'il n'y a pas qu'une cause, mais un faisceau de facteurs.

Plus important encore, on trouve, quelle que soit l'origine des kilos, un dénominateur commun à toutes ces patientes : un dysfonctionnement de l'insuline.

Celui-ci peut être génétique, on parle alors d'hyperinsulémie primitive, ou bien, le corollaire d'un comportement alimentaire déséquilibré. C'est alors une hyperinsulémie secondaire.

Pour reprendre l'exemple de Yael, son endocrinologue l'avait mise sous traitement anti-diabétique et sous régime équilibré. Au bout de trois mois la situation ne se débloquant pas, cette patiente a préféré arrêter son traitement. Nous

nous sommes rencontrés à ce moment-là. En la mettant sous diète d'épargne protéinée, nous sommes parvenus à réguler son hyperinsulémie, et à la faire maigrir. Sans aucun médicament d'aucune sorte.

> **L'insuline est une hormone fabriquée par le pancréas. Elle joue le rôle de régulateur. Elle permet d'abaisser le taux de sucre dans le sang.**
>
> **Elle fait entrer le glucose du sang à l'intérieur des cellules qui s'en servent pour produire de l'énergie.**
>
> **Par ailleurs, on l'appelle hormone de la lipogenèse, parce qu'elle empêche la destruction des lipides et facilite le stockage des graisses. Autrement dit, elle fait grossir.**

Mais, pour qu'il y ait production d'insuline, il faut consommer des glucides. Si vous absorbez trop de sucre, le pancréas va fabriquer une grande quantité d'insuline pour faire baisser votre taux de sucre dans le sang. En état d'hypoglycémie, votre corps va vous réclamer du sucre, et le cercle vicieux est amorcé.

Votre pancréas fonctionne alors comme une chaudière qui s'emballe. Mal réglé, l'organe se fatigue plus vite.

La grande différence entre une personne qui stocke les graisses et une autre qui les brûle, c'est sa manière d'assimiler les hydrates de carbone (les sucres). Vous voilà en outre, plus exposé au pré-diabète ou au diabète.

Le pancréas est le grand coupable du dysfonctionnement de l'insuline. Cependant, s'il se dérègle facilement, il se répare également facilement.

Le traitement ? **Mettre son pancréas au repos en réduisant considérablement l'apport de glucides.**

3. POURQUOI TEL RÉGIME PLUTÔT QU'UN AUTRE ?

En théorie, tous les régimes font maigrir... puisque c'est leur vocation. La véritable question n'est donc pas de savoir si tel ou tel régime est plus efficace qu'un autre. Il y en a une multitude. Un livre entier ne suffirait pas à les citer et les décrire tous.

Le point essentiel, est de comprendre les mécanismes de la prise et de la perte de poids pour mieux saisir l'opportunité et la cohérence d'un régime par rapport à son propre cas.

Je vous propose de déterminer la logique des régimes, et d'éliminer au fur et à mesure ceux qui sont incohérents. On verra bien celui qui reste au bout du compte.

La plupart des cures d'amaigrissement sont basés sur des hypothèses ou des préceptes bien souvent invérifiables.

N'étant ni gourou, ni apprenti sorcier, **je raisonne sur des principes physiologiques connus. Je n'invente rien.**

Il y a des règles communes à tous les régimes, comme l'hypocalorie, c'est-à-dire, la réduction des quantités permises. On ne maigrit pas en mangeant plus, c'est un fait certain.

Il y a des principes particuliers à chaque école.

Aucun régime n'est définitif, y compris celui que je propose. C'est toujours ainsi que je débute une consultation. Faire un régime, ne relève pas d'un miracle, mais d'un processus logique.

Maigrir, n'est ni un dû, ni un acquis. Ce n'est pas parce que vous maigrissez bien que vous ne reprendrez pas de poids. **Un régime n'est pas un vaccin contre le poids !**

Un régime comporte deux facettes bien distinctes, **maigrir et stabiliser.** Il y a donc **deux contrats** à remplir pour le patient et pour le médecin.

Je parle de contrat, car j'estime que, pour qu'il y ait **obligation de résultats,** il faut qu'il y ait un engagement. Pour cela il faut au moins être deux : vous et moi.

Franchement, il y a plein de choses dans la vie que je ne ferais pas si je ne devais rendre des comptes à personne : me lever le matin à une heure précise, me raser, me coiffer, passer une chemise propre et un costume repassé. Je ne suis pas certain que je ferais autant d'efforts sur une île déserte.

Voilà le hic, devant son assiette, on est tout seul. Que je mange debout ou assis, chaud ou froid, au lance-pierre ou en prenant mon temps, devant la télé ou seul face au mur de ma cuisine, personne ne me demande quoi que ce soit.

Comme vous n'avez de compte à rendre à personne par rapport à ce que vous mangez, vous manquez de repères. La seule personne susceptible de vous interroger sur votre alimentation pendant un mois, deux mois ou un an, c'est votre médecin nutritionniste. Parce que c'est vous qui l'avez choisi pour tenir ce rôle et pour vous aider à remplir les contrats.

Je me souviens d'une patiente, très remontée contre les régimes, dix ans de frustrations permanentes et malgré tout, une douzaine de kilos en trop. Trois semaines avant de prendre rendez-vous avec moi, elle avait essayé de suivre une diète protéinée. Seule face à son problème, elle était incapable de suivre correctement le régime.

Mais une fois que nous avons établi un contrat, les résultats ont suivi.

Attention, il ne faut pas confondre accompagnement et assistanat. Le médecin et la patiente doivent faire le chemin ensemble. Le praticien n'est ni une béquille, ni un juge suprême, mais un associé. À chacun de remplir sa part de contrat.

Généralement, le premier pacte pose peu de problèmes. Il est assez simple de maigrir. Les patients viennent consulter sans réticences durant cette période de perte de poids. Par contre, ils oublient de revenir pendant la phase de maintien.

Pour deux raisons :

D'abord, l'urgence s'est envolée avec les kilos. D'autres priorités surgissent dans leurs vies, le poids n'est plus leur principale préoccupation.

Ensuite, comme ils connaissent plus ou moins les règles de base de la diététique, ce qu'il faut manger ou au contraire ne pas faire, ils estiment inutile de consulter un médecin pour apprendre à s'alimenter.

C'est pourtant dans ces moments-là que vous avez le plus besoin de votre associé, votre praticien, afin d'inscrire la phase de stabilisation dans un cadre précis. Sans le contrat de confiance qui vous lie au médecin, vous n'avez à nouveau plus aucun compte à rendre. Il devient alors très difficile de maintenir les bénéfices du régime.

Mal manger fait grossir, tout le monde le sait. Par conséquent, lorsque après une enquête alimentaire laborieuse, un médecin vous dit que vous mangez déséquilibré, c'est une évidence, une vérité de Lapalisse.

Est-ce que manger moins permet de perdre du poids ? Si vous voulez maigrir, la solution est de moins manger, entend-on souvent. Cela implique une réduction des calories. C'est un raisonnement quantitatif. Il est assez évident qu'on ne maigrit pas en mangeant plus. Il y a d'ailleurs en la matière une grande injustice. Certaines personnes peuvent manger de tout sans prendre un gramme, d'autres grossissent avec une miette. Beaucoup de mes patientes, se plaignent de prendre 500 g en passant devant une pâtisserie.

Manger moins est donc **un raisonnement nécessaire, mais pas suffisant pour maigrir.**

Comme nous l'avons vu précédemment, la prise de poids est un problème de métabolisme, lié au terrain génétique et hormonal de chacun.

Le discours officiel véhicule un raisonnement simpliste. L'être humain est une boîte, avec d'un côté les entrées, c'est-à-dire l'alimentation et de l'autre les sorties, c'est-à-dire les dépenses physiques. D'après cette logique, si on réduit les entrées en diminuant les calories et si on augmente les sorties en faisant du sport, on doit théoriquement maigrir. Élémentaire mon cher Watson !

Fausse promesse...

Prenons l'exemple d'une femme en surcharge de 20 kg. Son médecin la met en hypocalorie, réduit l'apport de glucides, ce qui provoque une baisse de la tension artérielle et lui demande en plus de courir pour perdre du poids.

20 kg correspond en général au poids de bagages auquel vous avez droit lorsque vous prenez l'avion. Seriez-vous prêts à faire un jogging avec votre valise ? Quand bien même vous répondriez par l'affirmative, il faudrait courir deux marathons d'affilés pour perdre 1 kg de graisse. Si vous en êtes capable, changez de vie et inscrivez-vous aux prochains Jeux Olympiques, vous avez toutes vos chances.

Mais, si vous êtes un sportif du dimanche, ne vous leurrez pas. Après une heure de sport, si votre balance inscrit 1 kg en moins, c'est de l'eau que vous avez perdue, en transpirant et en respirant.

Cet exemple démontre de manière un peu caricaturale, mais vraie, l'incompréhension évidente des mécanismes de l'amaigrissement et la méconnaissance du fonctionnement des différentes sources d'énergie dont se sert notre corps : les glucides, les lipides et les protides.

Puisque manger moins est insuffisant pour l'amaigrissement, il est une grande tendance de nos jours de devoir **manger mieux pour perdre du poids.** Par manger mieux, les nouveaux prophètes de la nutrition entendent **manger équilibré.**

Je voudrais faire ici un simple rappel sémantique. L'équilibre est synonyme de statique. Par définition, quand il y a équilibre, la situation ne bouge pas. Une entreprise équilibrée par exemple, ne perd pas d'argent, mais elle n'en gagne pas non plus.

Si j'équilibre votre alimentation au sens strict du terme, vous mangerez mieux, vous ne grossirez pas, mais vous ne perdrez pas de poids non plus, c'est logique.

En fait, quand on parle de régime équilibré, on fait la confusion entre deux notions différentes :

— **Le vrai rééquilibrage alimentaire** sans réduction de calories, le but n'étant pas de maigrir, mais en mangeant mieux, de ne pas prendre de poids, d'optimiser son énergie et de prévenir les maladies et les troubles métaboliques (cholestérol, tension artérielle, diabète...).

J'applique ce principe lors du deuxième contrat, quand vous devez stabiliser votre poids. Mais, parler d'équilibre avant d'avoir maigri revient à mettre la charrue avant les bœufs.

— **Le faux régime équilibré,** hypocalorique qui consiste à manger de tout en petites quantités, en respectant un apport « équilibré » de glucides, lipides et protides, mais, dans des proportions moindres.

Les partisans de cette méthode, suivent le raisonnement suivant : en mangeant un peu de tout, on évite les carences. C'est archifaux !

Si je pousse la réflexion jusqu'au bout, **en mangeant un peu de tout, on manque aussi d'un peu de tout. Résultat, on perd... un peu seulement, et de tout, c'est-à-dire de la graisse et du muscle.** C'est l'histoire du verre à moitié plein ou à moitié vide.

En exagérant à peine, on vous demande de couper votre steak en deux, la tranche de pain qui l'accompagne et la pomme du dessert. Avec un tel régime, vous réduisez de moitié les calories, les lipides et les glucides, mais aussi les protides indispensables à vos muscles. Vous diminuez également vos apports en vitamines, en oligo-éléments et en sels minéraux.

Bref, au bout du compte, vous avez perdu un peu de graisse, du muscle et votre bonne humeur. Bonjour l'équilibre...

Paradoxalement, **c'est ce type de régimes qui entraîne à la longue les carences les plus notables.**

On a constaté ainsi, qu'une succession de régimes amaigrissants draconiens, carencés en protéines, pouvait provoquer une maigreur hypoprotidique, causant des œdèmes au niveau des membres inférieurs.

Mais, ces méthodes se targuant en effet d'être équilibrées, notion *a priori* très positive, pourquoi les arrêter un jour ? Bilan de l'opération, vous savez quand vous débutez ce type de cure, mais vous n'en voyez jamais la fin. D'après mon expérience, les patients arrêtent rarement les régimes « équilibrés » parce qu'ils ont atteints leurs objectifs, mais au contraire parce que lassés, découragés devant leur peu d'efficacité, ils préfèrent jeter l'éponge et se retrouver au mieux au point de départ, ou plus probablement avec quelques kilos de graisse supplémentaire.

Lorsque je reçois mes patientes pour la première fois, je constate qu'elles mangent certainement mal, mais pas forcément en trop. Elles ont déjà maintes fois essayé les régimes dits équilibrés avec le résultat attendu.

Aujourd'hui, elles ont besoin d'une nouvelle démarche, qui s'inscrive surtout dans le temps. Consulter un nutritionniste pour apprendre à manger équilibré ne leur est d'aucune utilité. Elles en connaissent déjà le b.a ba.

Ce qu'elles veulent, c'est parvenir à maigrir et conserver leur nouveau poids.

Pour perdre quelque chose, en l'occurrence du poids, il va falloir supprimer quelque chose dans votre alimentation. Je crée donc une privation et un déséquilibre exprès.

Pour que cette carence soit acceptable, elle doit répondre **à deux conditions : elle ne doit pas être dangereuse ;** elle doit s'inscrire dans un programme précis, **avec un début et une fin.** Le fait d'annoncer la couleur est un principe très important. Cela aide le patient à gérer son régime dans le temps. *A contrario*, l'équilibre ne donne pas cette conscience. C'est pourquoi, avec un régime dit équilibré, on sait quand on le commence, on ne sait pas quand on le termine. Quel intérêt aurait-on en effet à interrompre un équilibre, qui dans l'absolu représente un idéal.

Mais encore une fois, je le répète, l'équilibre est une chose excellente une fois que l'on a obtenu les résultats désirés.

L'équilibre fait l'objet du deuxième contrat, la stabilisation.

4. Quelle est la solution ?

Pour parvenir à perdre du poids, il va falloir dans un premier temps supprimer ou réduire quelque chose.

Lorsque je pose la question : d'après vous, que doit-on supprimer pour maigrir ? la réponse est unanime, les sucres et les graisses.

Les graisses cela paraît évident dans la mesure où vous voulez perdre de la masse grasse. On peut par contre séparer les glucides en deux familles, les bons et les mauvais. Les bons pour l'organisme, ce sont les sucres lents (les féculents). Les mauvais, ce sont les sucres rapides, c'est-à-dire, tout ce que vous aimez, les gâteaux, les bonbons, le chocolat... *À votre avis, vous allez vous priver desquels ?*

Réponse de mes patients *des sucres rapides bien sûr*.

La réponse est insuffisante ! vous devez vous passer des deux, les rapides et les lents. En ce qui concerne les premiers ; le raisonnement est logique. Ils font prendre du poids, il faut donc les enlever de votre alimentation. Attention, ce n'est pas suffisant. En effet, ne plus manger ce qui fait grossir, évite d'accumuler les kilos, mais ne fait pas maigrir pour autant !

C'est pourquoi il est nécessaire pendant une période donnée de supprimer également ce qui empêche de maigrir. C'est le cas des sucres lents.

Ne pas grossir et maigrir, ce sont deux propositions bien distinctes.

Quand vous faites un régime, si vous avez un petit creux, on vous conseille souvent de croquer une pomme. Si je pousse le raisonnement jusqu'au bout, pourquoi une pomme ? Pour ne pas grossir me direz-vous. Si c'est là votre objectif, pourquoi ne pas en manger deux, trois ou une cagette entière ? Par contre, si le but avoué est de perdre du poids, cette proposition n'est pas forcément valable. En effet, dans certains cas, une pomme qui ne fait pas grossir vous empêchera de maigrir.

Comment ? Notre corps pour fonctionner, brûle d'abord les sucres avant les graisses. Les aliments comportent trois types de nutriments utiles au métabolisme, les lipides (graisses), les glucides (les sucres) et les protides. Le sucre sert de carburant. Il fournit l'énergie nécessaire dans une journée. Il alimente ce que **j'appelle le compte courant.** Les graisses, quant à elles, forment **le compte d'épargne** dans lequel le corps ira puiser en cas d'efforts continus, ou de restrictions. Enfin, les protéines nourrissent et assurent la conservation des organes vitaux (les muscles dont le cœur, les reins, le foie, la peau...).

Notre organisme en bon gestionnaire, utilise d'abord son compte courant, ravitaillé par les glucides que vous lui fournissez. Si vous lui coupez cette ressource, il ira puiser dans son compte épargne. Mais tant que vous alimentez le premier compte, le corps n'a aucune raison d'entamer ses réserves. Il met de côté, en prévision des mauvais jours, comme vous sans doute. En privant momentanément l'organisme de sucres et de graisses, on l'oblige à casser son épargne et à perdre les surplus graisseux.

Pour perdre du poids, **il faut donc vivre sur ses réserves.** Vous voyez bien qu'il ne s'agit plus tout à fait de manger moins ou mieux ou protéiné.

Le grand principe de ce raisonnement est donc de supprimer les glucides et de réduire les lipides.

Attention, on ne peut en réalité supprimer totalement les glucides. Il en reste nécessairement un peu, dans les légumes, mais aussi en très faible quantité dans les sachets de protéines. En moyenne, vous continuez à consommer entre 40 et 80 g de glucides par jour[1].

L'organisme puise alors dans ses réserves de sucres et de graisses. Une fois les stocks épuisés, il se met à fabriquer des corps cétoniques (voir 3e partie) qui deviennent le carburant des muscles et du cerveau. Ils ont en plus la particularité de réduire la sensation de faim, procurant un

---

1. Voir p. ■■ : 3. Le seuil de l'insuline.

bien-être proche de l'euphorie. C'est le phéno-mène appelé « amphetamin-like », vous êtes en pleine forme, sans sensation de fatigue ou de faim.

Le raisonnement apparaît dans toute sa cohé-rence, puisqu'il s'agit non seulement de contrô-ler les calories, mais surtout de réguler le méta-bolisme. Une fois le pancréas réparé, votre besoin exagéré pour le sucré se réduit.

Les aliments se partagent en trois grandes familles, les lipides, les glucides, les protéines. Pour perdre de la graisse, je réduis logiquement les lipides, j'enlève les sucres rapides, mais aussi les sucres lents pour les raisons que nous avons expliquées auparavant. À moins de vous résoudre à faire une grève de la faim, il vous reste des protéines à consommer. Par consé-quent, je ne vois pas où est le débat sur la diète protéinée. Vous ôtez deux éléments, vous conservez le dernier, c'est la logique même.

Une démonstration qui convainc de plus en plus, puisque aujourd'hui en France, 25 % des candidates à la minceur optent pour un régime d'épargne protéinée.

Quand on maigrit, on perd deux choses, de la graisse et du muscle.
Or, en cas de fonte musculaire, le corps brûle moins d'énergie et stocke davantage, car le métabolisme de base est réduit.

Si vous maigrissez de 10 kg au cours d'un régime classique, vous perdrez de la graisse et du muscle. Mais, si vous retrouvez votre poids initial, vous reprendrez 10 kg de graisse, et pas 10 kg de muscle !

Quelle est la solution alors ? Pour ne pas gaspillez du muscle, **il faut préserver son capital de protéines.** En outre, il n'y a pas que les muscles qui soient constitués de protéines, les viscères, la peau, les yeux, les enzymes le sont également.

Les protéines sont vitales, lorsque nous en manquons, nous nous dévitalisons.

L'apparition de la vie sur terre est liée aussi à la naissance d'une protéine. N'oubliez pas que les protides sont les substances les plus précieuses que nous possédions.

Attention, conserver les protéines dans un régime ne signifie pas suivre une diète hyperprotéinée. Hyper veut dire trop. On parle ainsi d'hyperthyroïdie, d'hypertension... Moi, je vous parle de **régime d'épargne protéinée.**

Ce n'est pas parce que vous buvez un verre de vin que vous êtes alcoolique. De même, ce n'est pas parce que vous faites une diète protéinée que vous en consommez au-delà des besoins de l'organisme.

LA DIÈTE D'ÉPARGNE PROTÉINÉE
MAINTIENT LE NIVEAU DES PROTÉINES

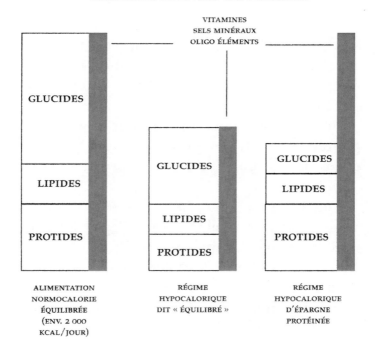

5.   QUELLE EST LA MARCHE À SUIVRE ?

Au cours de la première phase de mon régime, je réduis au maximum, ou mieux **je supprime tous les apports glucidiques.** Vous ne devez pas ingérer de sucres rapides bien sûr, que l'on retrouve dans les pâtisseries ou le chocolat. Mais, sont également interdits les sucres lents. Durant cette étape, il faut vous passer de riz, de pâtes, de lentilles ou de pain. Vous les reconsommerez plus tard. Les fruits enfin sont exclus provisoirement de votre alimentation. Nous avons vu pourquoi dans le chapitre précédent.

Vous pouvez manger par contre des **légumes verts en abondance,** pour les fibres indispensables au transit, pour le volume alimentaire et pour les sels minéraux.

Enfin, vous gardez **un apport normal en protéines.** Je dis bien normal, puisqu'il ne s'agit en aucun cas d'un régime hyperprotéiné.

Quelles protéines allez-vous consommer ? Vous pouvez naturellement privilégier les poissons et les viandes maigres. Mais, vous avez le choix aussi de recourir à des **sachets de protéines en poudre, de manière provisoire. C'est la meilleure façon d'apporter un maximum de protéines, dans toute leur diversité, et dans un minimum de calories.**

Pourquoi est-ce que je privilégie souvent l'usage de ces sachets ? Les protides les plus maigres sont contenus dans le blanc d'œuf et dans les poissons à chair blanche. On peut donc les utiliser, mais il est difficilement concevable à mon sens, de baser entièrement un régime sur ces deux aliments, surtout s'il s'agit d'une perte de poids élevée. Sincèrement, vous voyez-vous manger du blanc d'œuf et du poisson tous les matins au petit déjeuner pendant un ou deux mois ?

Les protéines recomposées offrent donc une alternative très intéressante. Ils sont faits à partir d'un mélange de protéines animales (lait ou œuf) et d'une protéine végétale (soja, pois, luzerne [protéine alpha-alpha]). On obtient ainsi une protéine complète en acides aminés essentiels, dépourvu de graisse et de sucre. Cet aliment, n'existe pas naturellement. La nature ne nous a pas conçu pour maigrir. Elle n'a donc pas prévu d'aliments qui fassent maigrir. Les sachets de protéines sont **un chaînon manquant** en quelque sorte !

Certes, ce n'est pas naturel de prendre de la poudre pour perdre du poids, mais ce n'est pas naturel non plus de maigrir, c'est même contrenature. C'est la raison pour laquelle sans doute, **la nature n'a pas prévu d'aliments amaigrissants.**

Signalons toutefois que les sachets de protéines sont faits à partir de substances naturelles, ce ne sont pas des produits de synthèse. Elles proviennent de l'extraction des protides de soja, de pois et de lait. En effet, l'utilisation de protéines d'origine uniquement végétale est insuffisante. En excluant de la composition les céréales et les légumes secs qui contiennent trop de glucides, on la prive de trois acides aminés essentiels. Pour que la poudre de protéines ait une composition équilibrée, il faut utiliser également les protéines de lait.

Il peut exister une intolérance à ces protéines de lait, mais les cas sont extrêmement rares. En général, le patient présente une allergie au lactose, c'est-à-dire au sucre de lait.

Lorsque je décide en accord avec ma patiente de recourir au régime d'épargne protéiné, je ne prescris jamais exclusivement des sachets de protéines. Je laisse toujours un repas principal avec des aliments normaux.

Voilà la journée type que je propose :

Matin. Une boisson chaude, café ou thé sans sucre et une protéine.

Midi. Des légumes verts à volonté (voir la liste en annexe) et une protéine.

Collation. Une protéine.

Soir. Un repas léger avec du poisson ou une viande maigre et des légumes verts.

Attention, consommez toujours un peu d'huile (olive, colza ou soja) pour couvrir les besoins en acides gras essentiels (2 à 3 cuill. à café par jour).

Vous pouvez parfaitement inverser la prise du repas « normal » et préférer le manger au déjeuner plutôt qu'au dîner.

Le fait de garder un repas à-peu-près ordinaire est important : il permet d'abord de préserver une vie familiale et sociale, il maintient également un lien avec une alimentation habituelle.

Enfin, cela rend le régime plus acceptable. En effet, **des diètes trop strictes entraînent rapidement lassitude et abandon.**

Aujourd'hui, de gros **progrès ont été réalisés au niveau des arômes proposés.** Sans parler de gastronomie, on peut dire que les sachets constituent des substituts de repas très convenables. On ne peut pas demander en outre à un régime d'offrir les mêmes sensations culinaires qu'un lapin à la moutarde. Vous ne chercheriez pas à maigrir sinon. N'oubliez pas qu'il s'agit avant tout d'un traitement passager contre les kilos en trop.

Pour prendre du muscle, les bodybuilders en achètent par pot de 2 à 5 kg. Peu leur importe le goût, si les protéines les aident à atteindre leur objectif. Dans les hôpitaux, les personnes âgées ou en convalescence en prennent également sans se plaindre de la saveur des poudres de protéines puisqu'elles font partie intégrante de leur thérapie. Le processus doit être identique pour vous. Lorsque votre généraliste vous prescrit des antibiotiques, vous les avalez même s'ils sont infects, puisqu'ils vous soignent. Les sachets vous aident également, à perdre du poids et en plus, ils sont loin d'être mauvais.

6. LA PHASE DE TRANSITION

Maigrir, et après...

Entreprendre un régime, c'est comme faire une plongée avec bouteilles dans le grand bleu. Si vous allez contempler les requins marteaux et les raies mantas à 50 m pendant trois quarts d'heure, vous mettrez le double de temps pour remonter à la surface. Le moniteur de plongée vous fera faire des paliers de décompression.

Il est logique de penser que dans un régime d'épargne protéiné hypocalorique, on revient progressivement à un apport calorique normal, et à une alimentation équilibrée. Le médecin, vous préconise donc des paliers pour permettre au métabolisme de s'adapter et de conserver les acquis de la diète.

Le régime se subdivise de manière générale en quatre phases :

— LA PREMIÈRE PHASE. La diète, étape essentielle de l'amaigrissement dure quelques semaines (cela dépend du nombre de kilos à perdre) et permet 70 à 80 % de la perte de poids totale.

Elle est suivie par deux phases de transition et se termine par une phase de maintien.

Les phases de transition.

— La deuxième phase. Elle dure **une à deux semaines.** L'objectif est de retirer progressivement la protéine en poudre. On remplace les sachets un par un, par des aliments normaux, c'est-à-dire par une protéine naturelle, viande maigre ou poisson, au cours d'un des deux repas principaux (je rappelle que l'autre est déjà composé d'une alimentation normale).

Voici un menu type au cours d'une journée de la deuxième phase :

Matin. Café ou thé suivi d'un sachet de protéine.

Midi. Viande ou poisson maigres (150 g environ) accompagnés de légumes verts et d'une à deux cuillères à café d'huile.

Collation. Un sachet.

Soir. Même repas qu'au déjeuner.

J'autorise **un à deux laitages par jour,** sous forme de yaourt ou de fromage blanc à 0 % ou 20 %.

Durant cette étape qui ne doit pas excéder quinze jours, vous êtes toujours en cétose, car je n'ai pas réintrodui les glucides dans votre ali-

123

mentation. C'est donc **une phase d'amaigrissement,** mais plus lente.

LA TROISIÈME PHASE. Elle ne dépasse pas non plus **une à deux semaines.** On retire une nouvelle protéine de substitution. La protéine du matin en général, pour permettre de retrouver **un petit déjeuner à peu près normal.**

Le déroulement d'une journée :

Matin. Café ou thé, 50 g de pain complet ou de pain aux céréales légèrement beurré. (Avec du beurre allégé) pour ceux qui en ont l'habitude. Ou un bol de céréales (40 g environ) sans sucre ajouté avec un laitage, de type lait demi écrémé, yaourt nature, fromage blanc à 0 % ou 20 %.

Midi. Viande ou poisson maigres, accompagnés de légumes verts et une ou deux cuillerées d'huile.

Collation. Un fruit, ou un sachet de protéine qui coupe mieux la faim.

Soir. Même repas qu'à midi.

Vous avez droit à **deux laitages par jour,** à un fruit.

Attention, il n'y a pas encore de féculents.

À ce stade, la cétose est coupée puisqu'on a introduit des glucides à travers le pain ou les céréales et le fruit.

Il est fréquent malgré cela, que l'amaigrissement se poursuive.

LA QUATRIÈME PHASE. La plus délicate peut-être, parce que la moins bien comprise, est la phase de maintien. Il s'agit non seulement de conserver les acquis des semaines précédentes, mais surtout de réapprendre ce qu'est l'équilibre alimentaire.

7. LE DEUXIÈME CONTRAT :
   LA STABILISATION DU POIDS

Un travail inachevé n'a pas une pleine valeur. Je pense à ces patients qui doivent perdre une vingtaine de kilos, mais qui se découragent à la moitié du chemin. Ils cessent de voir leur médecin et décident d'arrêter le régime « provisoirement ». Pour moi, ce qui est provisoire est précaire et va donc dans le sens d'une reprise de poids.

Vous êtes au bord de la mer, et vous construisez un magnifique château de sable. Vous avez passé des heures à l'ériger, et le soir venu, vous le quittez à regret, car vous savez pertinemment que la marée détruira votre bel ouvrage. Maintenant, si vous n'avez réalisé qu'une partie du château de sable, peu vous importe de le laisser au caprice des vagues. Vous ne l'aviez pas terminé, faute d'intérêt et de patience, il n'avait donc pas une grande importance à vos yeux.

Je pense que la logique est la même lorsque l'on entreprend un régime. Si vous n'allez pas au bout du projet, quelle importance de reprendre 1, 2, 5 kg... **La reprise de poids est quasiment inéluctable s'il n'y a pas de réflexion en amont sur votre comportement alimentaire.** Vous retombez dans vos bonnes vieilles habitudes et vous regrossissez.

Dans le cadre d'un régime, il est primordial que le praticien conserve des liens de confiance avec les patients, c'est bien le sens du deuxième contrat. Rappeler que **tant que le but n'est pas atteint, il ne faut pas relâcher ses efforts.** Il est assez fréquent que les patients cèdent au découragement, mais c'est là que le rôle du médecin est essentiel pour restimuler les patients.

Suspendre un régime ne peut se faire correctement qu'en concertation avec son médecin-associé. Celui-ci, prescrira une alimentation équilibrée, pour aider la personne à ne pas reprendre les kilos perdus, le temps qu'elle retrouve le souffle nécessaire pour continuer la diète et atteindre ses objectifs.

Une fois les kilos envolés après des semaines de régime (la prescription variant selon le nombre de kilos à perdre), le plus difficile reste à venir.

Pourquoi stabiliser est-il plus difficile que perdre du poids ?

Comme nous l'avons développé auparavant, un régime est un acte volontaire. Le patient inscrit sa démarche dans une dynamique. Il agit sur son poids en faisant beaucoup d'efforts et peut constater les résultats semaines après semaines. De plus, c'est un processus qui est marqué dans le temps. **Il y a un début et une fin à tout régime.** C'est ce qui le rend supportable.

Mais il n'y a pas de terme à la phase de maintien, le but étant de rester en équilibre pondéral *ad vitam eternam*. C'est une étape généralement vécue comme statique. Le patient a tendance à croire qu'il subit la stabilisation de son poids. Il n'y a plus de résultats spectaculaires pour l'encourager et rendre sa réussite tangible. Le poids en outre n'est plus sa priorité, il est remplacé logiquement par d'autres soucis de la vie quotidienne.

Mais cette impression de subir la stabilisation est fausse. C'est une phase encore plus dynamique, car elle demande de **changer ses habitudes alimentaires,** cela requiert un travail, une vigilance encore plus grande, avant que le nouveau mode alimentaire ne soit intégré sereinement.

Manger équilibré ne signifie pas en effet se nourrir comme avant.

Comme je l'ai démontré au début de cette deuxième partie, une démarche cohérente pour maigrir est contradictoire avec une alimentation équilibrée. Néanmoins, si ma conception de l'amaigrissement est radicalement opposée à l'approche classique et traditionnelle des régimes dits « équilibrés », ma vision de la diététique est tout à fait en accord avec les préceptes d'équilibre alimentaire préconisés partout.

Chaque individu est unique, d'où l'importance de maintenir un lien avec le médecin lors d'un retour à une alimentation équilibrée. À titre indicatif, une femme sédentaire a besoin de consommer 2 000 Kcal par jour pour fonctionner normalement, en restant à un poids stable. Ces besoins sont répartis de la façon suivante :

60 % de glucides (environ 270 g – 1 080 Kcal)
25 % de lipides (environ 70 g – 630 Kcal)
15 % de protéines (soit 75 g – 300 Kcal)

Ces chiffres méritent d'être accompagnés de certaines précisions :
— **Limiter** sans pour autant les supprimer, **les sucres rapides** au profit des sucres lents. Attention aux faux amis, c'est-à-dire aux aliments rangés dans la catégorie des glucides lents,

mais qui se comportent comme des sucres rapides, car ils présentent un indice glycémique élevé (voir 3ᵉ partie, chapitres 4 et 5). C'est le cas du pain blanc, des pommes de terre et du riz. À utiliser avec parcimonie dans votre alimentation.

— Il n'est pas question, ni au moment de la perte de poids, ni *a fortiori* durant la phase de maintien, d'envisager une alimentation sans graisses. Elles sont indispensables pour apporter à l'organisme les acides gras essentiels qu'il ne synthétise pas lui-même, notamment, les Oméga 3 et Oméga 6.

Privilégier les lipides végétaux, avec des huiles mono-insaturées (huile de colza, huile d'olive et huile d'arachide) et poly-insaturées (huile de pépin de raisin, de colza, de tournesol, huile de poisson, margarine...). Consommer peu de graisses animales (type beurre ou crème).

— Je préconise également chez une personne qui vient de perdre du poids, **une dissociation relative entre les glucides et les lipides.** Cette phase doit durer le plus longtemps possible. Rappelez-vous que cette association graisses-sucres est peu fréquente à l'état naturel (sauf pour les oléo-protéagineux).

— **Prenez des protéines au déjeuner, et des féculents au dîner.** Votre organisme les assimilera mieux que si vous les mélangez au cours d'un même repas, et vous en mangerez moins. En outre, un seul apport de protéines animales par jour est suffisant. Choisissez de préférence les parties maigres des viandes rouges, de la volaille ou du poisson, moins riches en lipides. Le poisson est un aliment excellent, par rapport à sa teneur en protéines qui présentent un très bon équilibre en acides aminés essentiels et donc une très haute efficacité nutritionnelle, par rapport à sa faible teneur en lipides, et par l'intérêt sur le plan diététique des graisses qu'il contient.

Pourquoi favoriser les glucides lents le soir ? D'abord, parce qu'il est rare lorsqu'on ne mange pas chez soi à midi, de trouver des sucres lents servis sans graisse, ensuite, parce qu'ils ne seront pas entièrement brûlés au cours de l'après-midi. Par contre, durant la nuit, vous faites un long jeûne d'une douzaine d'heures. Dormir permet non seulement de se reposer, mais surtout de se régénérer. Le corps a donc besoin de carburant. Prenez l'exemple des sportifs, ils consomment des féculents le soir, pourtant, on n'a encore jamais vu le Tour de France prendre un départ de nuit ! Même si cette approche des glucides lents est contestée, je persiste à croire en sa pertinence. En effet, contrairement à une lampe qui restitue sa source d'énergie sous forme de lumière en temps réel, l'organisme humain restitue l'énergie accumulée en temps différé. Nous serions sinon obligés de manger en permanence. Pourtant notre corps continue bien à fonctionner lorsque nous nous reposons, comme une batterie de téléphone portable en quelque sorte. Vous brûlerez donc les sucres lents consommés la veille au soir durant votre sommeil, et vous vous réveillerez en forme le matin.

Les sucres lents sont consistants, mais pas lourds à digérer, contrairement aux graisses. À votre avis qu'allez-vous digérer le plus facilement ; 200 g de pâtes, ou 200 g de beurre ?

— N'oubliez pas enfin de consommer des fibres alimentaires, en mangeant tous les jours des légumes verts, des crudités, des fruits, du pain complet et des céréales. Elles augmentent le volume et le poids des selles, permettant une régularisation du transit intestinal. Elles modifient en outre, en la ralentissant, l'absorption des glucides.

Le comportement alimentaire relève d'automatismes. Par définition, il n'est pas toujours conscient. Il est conditionné à la fois par des habitudes apprises dans l'enfance ou adoptées à l'âge adulte, et par notre état psychologique.

Mais avec de la détermination et une prise de conscience, on peut changer ses habitudes alimentaires. Rien ne vous empêche de ne plus sauter un repas, ou de ne pas faire les courses en catastrophe.

Se nourrir est sans doute l'acte le plus essentiel de l'existence.

Les traditions culinaires transmises par la mère sont plus que des recettes de cuisine, elles renseignent sur l'économie, le climat, l'histoire, la morale et les coutumes religieuses d'un peuple ou d'une famille.

Préparer à manger, c'est à la fois se maintenir en vie mais c'est aussi perpétrer un rituel essentiel. Toutes les cultures, toutes les religions ont dressé des interdits alimentaires. Ces tabous qui continuent à être respectés par de nombreux peuples puisent leur cohérence à l'origine, dans des exigences d'hygiène et d'équilibre. On peut ainsi expliquer la prohibition du porc dans les religions musulmane et juive pour les pratiquants, par le fait qu'il était difficile à conserver correctement jusqu'à très récemment. Il pouvait en outre contenir des parasites dangereux pour la santé. Son exclusion de l'alimentation n'avait rien d'irrationnelle.

Dans chaque tradition, on retrouve un caractère sacré à la préparation des repas. Ces « règles » obligent à être attentif à ce que l'on prépare, « à être avec et dans son action ». Dans les monastères zen par exemple, le responsable de la cuisine est aussi important que le maître.

Préparer un repas renvoie également à la notion d'offrande. Comme la mère offre son lait à l'enfant, comme les croyants déposent des offrandes au pied des autels, chaque fois que nous invitons quelqu'un à notre table, famille ou amis, nous le convions au grand cérémonial de la vie.

J'invite mes patients à prendre conscience du caractère fondamental de l'acte de se nourrir. Le négliger, c'est prendre le risque de ne manger que par nécessité et d'oublier la dimension du plaisir. Si votre repas est un temps inutile, un temps mort que vous devez remplir, vous ne tiendrez pas longtemps une alimentation équilibrée. Avec pour conséquences, des comportementscompulsifs qui vous entraînent à nouveau dans la spirale de la culpabilité et de la reprise de poids.

S'alimenter doit donc devenir un acte conscient. Il est vrai que lorsque l'on mange seul, il est moins aisé d'y prendre du plaisir. La notion de convivialité est très importante, surtout dans notre pays où le partage de moments privilégiés avec des personnes chères se fait souvent autour d'une table.

Mais, vous pouvez adopter l'habitude de Yael, l'une de mes patientes, qui consiste à s'inviter à sa table chaque jour. Elle considère aujourd'hui, qu'elle vaut bien ce petit effort.

Il y a des petites astuces pour faciliter cette prise de conscience. Ne mangez pas debout et froid dans votre cuisine. Vous n'êtes pas un cheval. En se nourrissant de la sorte, on ne peut arriver à se sentir rassasié.

Soupez au lieu de dîner, c'est-à-dire, mangez un plat chaud. Vous êtes alors obligé de vous asseoir à table et de dresser le couvert.

Il est vrai que la cuisine au quotidien est un exercice fastidieux. Il faut trouver chaque jour de nouveaux plats. Ou se contenter au contraire de servir la même nourriture jour après jour. Les efforts sont en plus rarement relevés par les enfants ou les conjoints. Les compliments en famille pour la cuisinière sont des denrées exceptionnelles. Ce n'est alors guère valorisant de faire à manger pour tout le monde.

Pour pallier cette ingratitude, ayez en tête six ou sept recettes simples et bien rôdées, que toute la famille apprécie. En organisant vos menus et vos courses à l'avance, vous ne serez plus prise au dépourvu dans la semaine.

Durant cette phase de maintien, vous allez retrouver un comportement alimentaire normal, c'est-à-dire ne plus remplir un vide existentiel par de la nourriture mais **vous réapproprier les aliments en toute conscience.** Ne plus compenser, mais repenser et ressentir la nourriture. Je vais vous aider à retrouver un plaisir véritable dans l'art de manger. Celui-ci est lié à la **rareté et au désir.**

La reprise de poids n'est pas liée aux écarts alimentaires. **Un écart fait partie intégrante du réapprentissage alimentaire.** C'est pourquoi je réintroduis dans l'alimentation non seulement les sucres lents, mais aussi les sucres rapides, avec parcimonie toutefois. Psychologiquement, c'est souvent très rassurant pour mes patients de savoir qu'ils peuvent croquer un carré de chocolat (mais pas une tablette) sans se morfondre.

Votre pancréas est comme un fauve que vous avez apprivoisé. Un dompteur qui connaît bien ses bêtes, peut mettre sa tête dans la gueule de ses lions, mais sous certaines conditions. Il évitera d'énerver les fauves et ne le fera pas en permanence.

Vous avez appris au cours de votre régime et lors des entretiens avec votre médecin, à dompter votre pancréas. Si le processus de la fabrication d'insuline et de stockage qui en résulte est bien compris, il n'y a aucune raison pour ne pas vous plonger de temps en temps dans les délices du sucre.

En effet, si j'occultais à ce stade de mon discours, la notion du plaisir de manger, mon raisonnement ne serait pas cohérent. Une vie sans écarts est une vie triste et monotone. Cela vaut également pour l'alimentation. Mais attention, **un écart est par définition ponctuel, sinon,**

il devient une mauvaise habitude. Une tranche de foie gras pour les grandes occasions, accompagnée d'un verre de Sauternes, est une fête pour les sens. Si vous deviez en avaler un bloc tous les jours, vous finiriez par rêver d'un bouillon de légumes.

L'écart est forcément relatif à une règle de conduite. Tant que l'on n'adhère pas pleinement aux préceptes de la diététique, il est vain d'essayer de manger équilibré.

Lorsque vous roulez dans le désert, que votre voiture fasse une ou cent embardées n'a aucune importance, puisqu'il n'y a aucune piste à suivre. Par contre, sur une autoroute, vous pouvez à la rigueur rattraper un écart de conduite, mais si vous persistez à mal diriger votre véhicule, vous êtes certain de foncer droit dans le mur...

Nous avons malheureusement adopté en France cette mauvaise habitude que j'appelle la culture du snack. On ouvre le frigo à toute heure du jour et de la nuit, on grignote sans arrêt des biscuits sucrés, salés, des sandwichs, etc. Il n'existe pas d'ailleurs dans la langue française d'équivalent au mot sandwich, qui a d'ailleurs pris le sens de « intercaler » ! Sans être chauvin, le plaisir de manger et de faire des incartades culinaires passe aussi par une redécouverte de notre culture alimentaire, basée sur un nombre de repas bien défini.

Si vous faites un écart lors d'une réunion de famille ou d'un dîner entre amis, savourez-le, goûtez chaque bouchée de Forêt Noire, mais, le lendemain, n'oubliez pas de faire attention.

Si les agapes ont vraiment été pantagruéliques, laissez reposer votre pancréas, en ne lui donnant aucun apport glucidique pendant 24 heures.

Vous arriverez ainsi à contrôler votre poids, sans vous priver de ce que vous aimez manger. Le but n'est plus de maigrir, mais d'empêcher la graisse de se fixer.

LES SUCRES FAVORISENT LE STOCKAGE DES GRAISSES

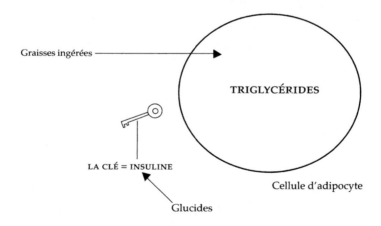

S'il n'y a pas d'apports de glucides, il n'y a pas de production d'insuline, donc pas de clé pour permettre à la graisse de pénétrer dans la cellule d'adipocyte.

En effet, contrairement à ce qui est généralement admis, **l'approche diététique est l'affirmation du plaisir.** Elle ne vous oblige pas à vous enfermer dans un monastère et à picorer trois radis et un haricot vert jusqu'à la fin de vos jours. C'est une **démarche** à l'inverse profondément **épicurienne.** À l'instar de Rousseau qui écrivait la chose suivante : *S'abstenir pour jouir… c'est l'épicurisme de la raison,* rappelons que cette philosophie est à l'opposée du laxisme. Cette morale au sens volontiers galvaudée requiert en fait une grande rigueur et une profonde conscience de ses actes, pour accéder au plaisir.

Le plaisir de manger, ce n'est pas ingurgiter n'importe quoi pour satisfaire une impulsion, c'est au contraire retrouver le vrai sens des aliments. **Se nourrir est un acte profondément voluptueux** si on y fait bien attention. Cela fait appel en effet à tous nos sens, au goût et à l'odorat bien évidemment, à la vue aussi. Il est toujours plus agréable de savourer un plat joliment dressé ou de préparer un repas avec de beaux ingrédients. Cuisiner nous permet de toucher à différentes textures d'aliments, mais aussi d'écouter la musique de la nourriture au fond des casseroles. La viande que l'on grille, les légumes que l'on pèle ou les compotes que l'on fait doucement réduire sur le feu émettent chacun des notes particulières.

La phase de réapprentissage du plaisir, est le

corollaire d'une initiation à l'équilibre, avec pour but ultime **l'acquisition d'une autonomie alimentaire.** Ce n'est pas forcément facile, car il faut désapprendre des comportements nutritionnels profondément ancrés. Mais cela est vrai pour tout apprentissage. Lorsque nous apprenons à conduire, penser à passer les vitesses tout en regardant dans le rétroviseur et en jouant sur les pédales parait être un exercice ardu. Après quelques leçons cependant, piloter devient un automatisme. Nous enchaînons tous les gestes sans y penser.

Pour vous également, la notion de bien manger va devenir un réflexe, une seconde nature. À condition que votre apprentissage ait été suffisamment long et complet, pour que l'équilibre alimentaire ne soit pas synonyme de fastidieuse vigilance, mais de plaisir tout naturel.

À une journaliste qui m'interpellait « Vous savez très bien qu'après un régime de diète protéinée on reprend systématiquement du poids » – elle avait dû elle-même en faire l'expérience – j'avais répondu qu'il existait à Paris un endroit où l'on était certain de réussir : les pensionnaires du Père Lachaise, un célèbre cimetière Parisien, sont assurés de ne pas prendre 1 g de graisse ! À question absurde, réponse absurde.

Plus sérieusement, la stabilisation n'est jamais

acquise. Je ne peux pas vous promettre que votre régime sera définitif, sauf si je mange à votre place. **Pas plus que la perte de poids n'est un dû, l'équilibre de ce poids n'est un acquis définitif.**

Vous avez compris que stabiliser votre silhouette nécessite un équilibre alimentaire. Or, celui-ci est indissociable d'un équilibre de vie, c'est-à-dire du plaisir que vous éprouvez dans votre existence.

Aujourd'hui, vous avez retrouvé un poids qui vous satisfait. **Mais rien n'est plus fragile qu'un équilibre,** quel qu'il soit. Il n'y a pas de raison que l'équilibre alimentaire échappe à cette règle.

Prenons l'exemple d'un homme et d'une femme. Ils se rencontrent, s'aiment, se donnent du plaisir. Ils forment un couple harmonieux. On peut donc affirmer qu'ils vivent à ce moment-là une situation équilibrée. Mais, le temps fait son œuvre et l'un des deux commence à se lasser. Le plaisir s'émousse et avec lui la stabilité du couple. S'ils n'y prennent pas garde, leur bel amour se brisera.

En effet, **il n'y a pas d'équilibre sans plaisir.**

Les clefs de l'équilibre alimentaire se trouvent forcément par la prise en compte des implications psychologiques.

Le cas échéant, le patient risque de voir s'aggraver les problèmes sous-jacents, qui l'entraîneront un peu plus loin dans la culpabilité, la dépression et la révolte par rapport à la nourriture.

C'est pourquoi un régime entrepris sans accompagnement, sans délai bien défini et inspiré par des objectifs pondéraux irréalistes risque d'aggraver les troubles du comportement alimentaire. Il témoigne en outre de la difficile acceptation de soi-même et de la réalité. Il est donc voué à l'échec et condamne le patient à subir un cercle vicieux nutritionnel.

Si je préconise un régime restrictif et carencé, le seul à mes yeux qui soit cohérent, je le fais dans un cadre médical strict et limité dans le temps.

De plus, je le répète, le processus global est équilibré. En effet, faire un régime n'a de sens que s'il s'inscrit dans une recherche d'équilibre de vie.

8. POUR EN FINIR AVEC LES CRITIQUES SUR LA DANGEROSITÉ DU RÉGIME D'ÉPARGNE PROTÉINÉ

Malgré sa cohérence, il y a toujours un rejet de ce type de régime.

Pourquoi ? Parce qu'il fait les frais des mêmes critiques depuis trente ans, et

que la notion de privation est toujours mal acceptée par les candidats à l'amaigrissement.

Lors d'une conférence au Canada, un « diététiste », comme on dit là-bas, me demande si je peux prouver l'efficacité de cette méthode, chiffres à l'appui. *Avez-vous des statistiques sur le taux de réussite à terme de la diète protéinée et de son influence sur l'obésité en France ?*

J'ai dû admettre que non, effectivement je n'en avais pas. Mais j'ai demandé en retour à ce bon prophète du « manger équilibré » si les statistiques faites dans son pays ne montraient pas une hausse croissante et inquiétante de l'obésité. Cela, malgré trente ans de discours sur les régimes équilibrés. Pour tous ceux qui croient aux chiffres, c'est une sacrée gifle au discours officiel !

À ce stade du raisonnement, regardons parmi tous les régimes existants, ceux qui se rapprochent le plus des principes du régime d'épargne protéinée, à savoir, une sérieuse diminution des glucides, des lipides, conjuguée à un apport suffisant en protéines pour préserver les muscles.

En ce qui concerne la suppression des sucres, **le régime Atkins** est très proche de la méthode que j'utilise. Je ne parlerai pas des autres régimes qui n'en sont que des succédanés. Ils ne méritent pas que je m'y attarde.

Mais le problème, est qu'Atkins n'autorise que des protéines animales, sans restrictions (les protides végétales, comme les céréales et les légumes secs sont en effet riches en glucides).

En outre, il n'y a pas de limites non plus à la consommation de lipides. Conséquence, un surplus de protéines augmente le taux d'acide urique dans l'organisme, et trop de graisses favorisent le cholestérol. Les mauvaises langues diront que c'est le passeport pour l'infarctus du myocarde. Ce n'est pas faux, les premiers pas des régimes protéinés ont été jalonnés d'incidents de ce genre. Mais, trente ans plus tard, la réflexion autour de ce type de diète a beaucoup évolué. Les critiques relatives aux accidents cardio-vasculaires ne sont plus valables aujourd'hui.

La solution, en effet, est de consommer une quantité adéquate de protéines (il ne s'agit pas d'une diète hyperprotéinée) et un produit à la fois complet en acides aminés essentiels et le moins calorique possible. Il faut réduire l'apport lipidique au maximum, tout en conservant un minimum d'acides gras essentiels contenus dans les huiles mono et poly insaturées, comme l'huile d'olive, de colza et de soja.

Pourtant, certains auteurs actuels, médecins ou non, écrivent encore sur les dangers des régimes qu'ils qualifient « d'hyperprotéinés », car ils s'appuient toujours sur les conséquences des premières diètes pratiquées « à la sauvage » au début des années 1970.

Les premières recherches sur le rôle des protéines dans l'organisme datent des années 1920. Mais c'est un médecin américain, le Dr Atkins, qui a compris il y a une quarantaine d'années que pour brûler ses propres graisses, on doit éliminer durant la durée du régime tous les glucides. Par contre, Atkins préconisait de manger des protéines animales en abondance (viande, poisson, fromage). **Évidemment, en l'absence d'hydrates de carbone (glucides), le corps se met en cétose.** D'une part, l'organisme ne stocke plus les graisses, mais d'autre part, il brûle celles qu'il a déjà engrangées. Atkins se souciait peu alors des calories, et encore moins du cholestérol. C'est là que le bât blesse. **Un excès de graisse animale entraîne une élévation du mauvais cholestérol et risque de provoquer des problèmes cardio-vasculaires.** Pourtant, ce régime est toujours très populaire aux USA, car ils ne connaissent pas le régime d'épargne protéiné.

Si sur certains principes il y a similitude entre les deux régimes, notamment sur **la nécessité d'éliminer les glucides le temps de maigrir et de privilégier les protéines, le régime d'épargne protéiné se préoccupe**

également des lipides et de la qualité des protides.

À l'époque, à défaut de connaître les vrais besoins de l'organisme en acides aminés essentiels, on pensait qu'une protéine était une protéine, quelle qu'en soit son origine. **Le Dr Blackburn** qui adhérait au principe de la cétose utilisait des protéines à base de collagène et de gélatine. Or ses préparations présentaient des carences énormes en acides aminés essentiels, des acides aminés que le corps humain ne fabrique pas et qu'il faut apporter par l'alimentation. **Il y avait ainsi une absence totale de tryptophane, précurseur de la sérotonine, neurotransmetteur important et d'acides aminés dits souffrés (méthionine, cystéine...), indispensables au bon fonctionnement des muscles notamment du cœur.** D'où un certain nombre d'accidents cardio-vasculaires. Il était parvenu par contre à éliminer les lipides, contrairement au régime Atkins, qui était satisfaisant en ce qui concerne les acides aminés essentiels, mais qui présentait une teneur lipidique trop importante.

Mais rassurez-vous, c'était le Moyen Âge des diètes protéinées et même de la nutrition. Les connaissances sur l'extraction des protéines alimentaires étaient quasiment nulles. Aujourd'hui, l'extraction des protéines repose sur le *cracking,* en jargon industriel. Cela nécessite une infrastructure complète et des unités industrielles très lourdes, comparables aux raffineries de pétrole ! En effet, ce procédé n'a rien à voir avec la production de lait en poudre. Il existe très peu d'unités d'extraction de protéines dans le monde. Une puissance telle que la Russie n'en possède pas.

À l'époque, les praticiens délivraient en outre des traitements hormonaux comme les extraits thyroïdiens, mais aussi des coupe-faims tels que les amphétamines, ou des diurétiques pour faire maigrir leurs patientes. On en connaît aujourd'hui la nocivité. Aujourd'hui, on continue à prescrire des « brûleurs de graisses », dont on ignore les effets à long terme.

La médecine est ainsi faite, elle tâtonne avant de pouvoir être exercée en toute sécurité.

Ainsi, il y a une quinzaine d'années, les femmes ménopausées étaient systématiquement mises sous traitements substitutifs. Avec le recul, on s'est rendu compte d'une prévalence du cancer du sein chez ces patientes. Le traitement est donc désormais délivré au cas par cas. Il a fallu tout de même quinze ans pour faire éclater le consensus et maîtriser ce type thérapeutique.

On sait parfaitement depuis les années 1990 quels sont les besoins de l'organisme. Connaissant les écueils du passé, on est en mesure aujourd'hui de proposer une méthode efficace, sans les inconvénients des deux précédents régimes. La science et l'industrie agro-alimentaire ont énormément progressé et **les productions de poudres protéinées sont très réglementées.** On parle d'indice chimique, de valeur biologique, de l'indice DISCO (il évalue l'adéquation entre la digestibilité d'une protéine et sa composition en acides aminés), du CUD (coefficient d'utilisation digestive), etc., autant de noms compliqués qui dénotent l'extrême vigilance des pouvoirs publics sur la question.

De plus, je précise une fois encore qu'on ne donne pas au corps plus de protéines qu'il n'en a besoin.

En quinze ans de prescription, je n'ai moi-même jamais été confronté à un seul incident, ni accident *a fortiori,* lié à l'utilisation des protéines. Je n'ai jamais non plus entendu parler de tels problèmes survenus chez des confrères. Dieu sait pourtant que j'aurais dû en entendre parler si le moindre accroc était arrivé. Les détracteurs de cette méthode n'auraient pu laisser passer une telle aubaine.

D'autres thérapeutes, du genre naturopathes par effet de mode, qui suivent cette voie, par ailleurs très intéressante et avec laquelle je suis en accord parfait, sans conviction aucune, prétendant tout soigner, tout guérir et même faire maigrir avec des antioxydants, dénoncent, en parfaite méconnaissance du sujet, les dangers des régimes d'épargne protéinés.

Ces derniers **augmenteraient l'acidification de l'organisme, provocant une oxydation et une dégénérescence accrues des tissus des cellules.** Certains évoquent ainsi la plus grande possibilité de développer d'hypothétiques cancers.

Ces personnes devraient revoir leurs cours de biologie et de biochimie.

Le régime d'épargne protéiné n'est sûrement pas en contradiction avec les principes de la micro-nutrition ou de la médecine ortho-moléculaire, qu'on se le dise une fois pour toute.

Imaginez un instant que vous ayez en horreur les maisons aux volets marron. Feriez-vous de violentes campagnes de presse pour les interdire ? Certainement pas, vous éviteriez simplement de les regarder.

Pourquoi dans un autre registre, les détracteurs des régimes protéinés déploient-ils une telle énergie à les critiquer ?

— La faute en incombe d'abord sans doute aux médecins qui prescrivent ces régimes comme des kits d'amaigrissement, sans s'attarder sur une prise en charge globale. Résultat, les patients maigrissent mais reprennent rapidement.

— Il y a aussi les autres, tous ceux qui prêchent pour les régimes prétendument équilibrés. Ils peuvent difficilement reconnaître qu'ils se trompent depuis quinze ou vingt ans.

Cela me rappelle une anecdote. Lors d'une conférence, un confrère me questionne un peu agressivement : *Mais qu'est-ce qui prouve que votre régime est définitif ?*

Premièrement, ce n'est pas mon régime, lui ai-je répondu, *ensuite, à moins de manger à votre place, rien ne le garantit.* Sa question montrait qu'il ne voulait pas comprendre la cohérence de la démonstration, préférant s'en tenir à ses préceptes éculés.

— Il y a aussi ces thérapeutes qui critiquent toutes les méthodes, mais qui n'ont rien à proposer, ou des platitudes cent fois rebattues sur le bien-être et le bien manger. Des banalités que vous savez déjà.

— Les médias ont leur part de responsabilité également dans la diabolisation des régimes protéinés. Après les avoir encensés, ils s'évertuent à les démolir. Une méthode qui donne de bons résultats et ce depuis une quinzaine d'années, c'est forcément louche !

En outre, la presse doit se faire l'écho des dernières tendances. Or, le régime d'épargne protéiné est passé de mode. Il est sur le marché de l'amaigrissement depuis trop longtemps.

Bien sûr, il n'y a pas que la diète protéinée qui fasse maigrir. Avant qu'on en découvre les bienfaits, les patients perdaient du poids.

C'est d'ailleurs le sens de ma démarche, examiner le problème dans sa globalité.

C'est pourquoi, j'effectue toujours une enquête alimentaire, afin de comprendre l'histoire de la prise de poids, en recherchant les causes psychologiques apparentes et cachées. **Je recherche également des origines organiques à la prise de poids,** mais cela est très rare.

Si le simple rééquilibrage alimentaire suffit pour faire maigrir un patient, tant mieux, je m'en tiens là.

Cependant, mon expérience m'a montré que cela ne suffit pas pour les patients qui présentent un profil difficile, et ils représentent la majorité des cas. Ce sont des personnes qui ont déjà tout entendu, tout essayé, qui mangent certes mal, mais pas forcément trop !

Doit-on baisser les bras et les laisser accumuler les kilos yo-yo ?

J'ai vu arriver dernièrement dans mon cabinet une patiente ménopausée, qui souffrait de problèmes hormonaux et de diabète. Malgré la thérapie contre le diabète et le traitement hormonal prescrits par son endocrinologue, assortis d'un régime « équilibré », cette femme ne parvenait pas à maigrir et à stabiliser son état.

À la suite de notre entrevue, je l'ai mise sous diète d'épargne protéinée. Au bout de quelques semaines, non seulement elle avait perdu du poids, mais elle était parvenue à stabiliser son diabète et a pu réduire très notablement sa prise de médicaments.

L'alternative la plus cohérente reste donc la diète d'épargne protéinée **à condition** d'une prise en charge globale, c'est-à-dire **d'un accompagnement** sur le long terme, pour corriger les problèmes de comportement alimentaire.

Lao Tseu disait, *L'échec est le fondement de la réussite.* **Pour le paraphraser, je vous dirais :** *Souvenez-vous que reprendre du poids ce n'est pas forcément un échec, c'est renoncer qui est un échec.*

En effet, le problème de la stabilisation se pose toujours. Mais, comme nous l'avons évoqué à plusieurs reprises, la stabilisation n'est pas inhérente au régime, mais à sa capacité à changer son comportement alimentaire. Cela implique une vraie réflexion sur son rapport à la nourriture et sur son équilibre de vie.

Un désordre alimentaire reflète bien souvent un désordre dans sa vie.

Pour maigrir, faut-il manger moins ou manger mieux ?

Manger mal fait grossir.

Manger moins, ne suffit pas. C'est un raisonnement de quantité ; or dans la grande majorité des cas, il s'agit d'un problème de métabolisme, de constitution, lié aux hormones.

Manger mieux, c'est-à-dire manger plus équilibré **est un non-sens** dans le cadre d'un régime. Un équilibre en effet est par définition statique.

L'équilibre alimentaire n'intervient donc qu'à la phase de stabilisation, lorsque l'on doit conserver son nouveau poids.

Donc, pour perdre du poids, **il faut supprimer quelque chose.** Quoi ?

Les glucides alimentent notre **compte courant.** Ils constituent une énergie immédiatement mobilisable par notre organisme.

Les lipides sont déposées elles sur un **compte épargne,** utilisable en cas de restrictions.

Pour vivre, le corps brûle d'abord les glucides avant les lipides. L'objectif de la diète est donc de fermer le compte courant, en ne l'alimentant plus et de puiser dans le compte épargne.

Il faut **supprimer les sucres rapides,** car ils font grossir, mais **également les sucres lents,** car s'ils ne font pas grossir, ils empêchent de maigrir.

Il faut également limiter l'apport de lipides pour vider le stock de graisse, tout en conservant une quantité minimale d'acides gras essentiels (Oméga 3 et Oméga 6).

Maigrir, c'est vivre sur son épargne.
Quand on maigrit, on perd du muscle et de la graisse. **Pour éviter la fonte musculaire, on compense par un apport de protéines normalement dosé.**

TROISIÈME PARTIE

COMPRENDRE SON CORPS

Celui qui n'a pas la connaissance vraie, ne pourra pas se délivrer de sa crainte, ce qui troublera tous ses plaisirs.

Épicure (342–270 av. J.-C.).

Introduction :

Pour participer à un rallye,
il faut connaître la mécanique

Au fil de ma démonstration, la nécessité de développer des explications détaillées sur le fonctionnement de notre organisme, m'est apparue très clairement.

Certains chapitres peuvent paraître un peu ardus dans cette partie de l'ouvrage, mais je me suis efforcé d'expliquer le plus simplement et le plus clairement possible **les mécanismes qui régissent notre organisme.**

Je prône la responsabilisation du patient par rapport à son problème de poids, mais comment pourrait-il prendre pleinement en charge son amaigrissement, **s'il ne connaît pas les points essentiels de la physiologie humaine ?**

Je reprends donc dans cette troisième partie les éléments qui me paraissent indispensables à la compréhension du corps et du métabolisme dans le cadre d'un régime.

Imaginez, que vous soyez au départ du prochain Paris-Dakar, au volant d'un véhicule tout terrain. Même si vous bénéficiez d'une assistance technique à la fin de chaque étape, et que vous partez tous les matins avec un kit de réparation d'urgence, si vous ne connaissez pas les rudiments de la mécanique, en panne au milieu du désert, votre team d'ingénieurs ne vous servira à rien. Pour avoir une chance de longer le lac rose et de couper la ligne d'arrivée, vous devez maîtriser la mécanique de votre 4×4 et savoir faire la différence entre un joint de culasse et le pot d'échappement. Évidemment, si vous n'envisagez pas une minute de vous lancer dans une telle aventure et que votre voiture ne vous sert qu'à braver les embouteillages du périphérique, la nécessité de vous plonger dans les arcanes compliquées de la mécanique, est moins impérieuse.

Mais si vous ne traversez pas le désert, au moins envisagez-vous de vous lancer dans l'aventure d'un régime.

Je pense donc que dans le cadre de ce défi de perdre du poids, il est indispensable que vous compreniez par quels mécanismes vous maigrissez. Vous bénéficiez certes d'une aide technique, le médecin, d'une sorte de « kit mécanique » par l'intermédiaire de la prescription de son régime, mais il me paraît **important que vous compreniez pourquoi et comment vous maigrissez.** Non seulement cela vous permet d'appréhender toute la cohérence de la perte de poids, mais vous pousse également à être à l'écoute de votre corps.

J'aborde également des chapitres plus concrets, m'efforçant de répondre à l'ensemble des questions soulevées par mes patients au cours des consultations. Cela va des interrogations provoquées par la polémique autour du régime d'épargne protéiné, à des conseils pratiques pour aborder régime et stabilisation avec sérénité.

Alors, en voiture...

Les mécanismes de l'amaigrissement

1. COMMENT MAIGRIT-ON ?

On accepte uniquement ce que l'on comprend. Lorsque l'on réduit l'apport des glucides au cours d'un régime, il se déclenche trois processus biologiques.

Les glucides. Souvenez-vous que le **combustible essentiel** et prioritaire de notre organisme est le **glucose.** Celui-ci est stocké sous la

159

forme d'une molécule complexe appelée le **glycogène.** C'est notre **compte courant.**

Un adulte de 70 kg sans surpoids dispose en moyenne de 400 à 500 g de glycogène, dont 100 g dans le foie et le reste dans les muscles. Cette réserve immédiatement disponible représente un équivalent énergétique de 1 600 à 1 800 Kcal.

Pour mémoire, la ration alimentaire moyenne pour une femme adulte sédentaire est d'environ 2 000 Kcal par jour.

Revenons à notre adulte de 70 kg. Outre ses 1 600 à 1 800 Kcal de glycogène, cette personne possède une réserve de protéines mobilisables équivalente à 25 000 Kcal, essentiellement contenue dans les muscles.

Enfin, il peut puiser son énergie dans un troisième stock, celui des lipides. Il y dispose de 100 000 Kcal de graisse que l'on retrouve dans le tissu adipeux sous forme de **triglycérides.** C'est notre **compte épargne.**

En résumé, cet adulte dispose de trois comptes énergétiques, répartis dans les différents tissus ou compartiments de son organisme :

Glucides	1 600 à 1 800 Kcal
Protides	25 000 Kcal
Lipides	100 000 Kcal

Vous pouvez constater que la réserve énergétique de loin la plus importante se trouve dans le tissu adipeux.

Maintenant que vous avez ces comptes bien en tête, je peux vous exposer le processus d'amaigrissement. Pour cela, il convient de comprendre **l'état de jeûne.**

En cas de réduction alimentaire globale et plus particulièrement des glucides, le corps réagit immédiatement en puisant dans son premier tout petit stock, celui du glycogène, pour le glucose nécessaire à sa survie. **Ce processus s'appelle la glycogénolyse,** qui va très vite épuiser le glycogène.

Si notre corps ne disposait que de cette source d'énergie, nous mourrions au bout de deux jours de jeûne.

Ce sont donc la réserve de lipides et de protides qui prennent le relais lorsque le stock de glucose est épuisé.

Les protides. Des organes et des cellules de notre corps, ne peuvent se passer totalement de glucose pour fonctionner. C'est le cas des organes nobles comme le cœur, les reins, le cerveau, les globules rouges... Or comme nous l'avons vu précédemment, la réserve de glucose contenue dans le glycogène est très faible et s'épuise en un ou deux jours de jeûne absolu. Pourtant, les personnes qui font la grève de la faim peuvent tenir durant des semaines. Comment ?

Le corps s'adapte, en transformant les acides aminés des protéines du muscle en glucose. Ce mécanisme naturel s'appelle la néoglucogenèse. Mais, en l'absence d'apport de protéines par l'alimentation, ce processus va entamer les muscles (n'oubliez pas que le cœur est un muscle) et les viscères, et entraîner une fonte musculaire néfaste pour la santé.

Les lipides. Lors d'un jeûne, donc de pénurie de glucose, un deuxième mécanisme entre en jeu. L'organisme va puiser dans le stock de graisses (présentes sous la forme de triglycérides) pour faire face à ses besoins énergétiques.

Les triglycérides contenus dans les cellules adipeuses sont libérés sous forme d'**acides gras libres.** Ces derniers peuvent être utilisés d'abord *in situ* comme combustible par les muscles, mais pas par les organes nobles (cerveau, cœur, reins, globules rouges).

C'est pour cette raison que l'exercice musculaire peut brûler les graisses, mais en petite quantité seulement.

L'autre partie des acides gras libres, c'est-à-dire la majeure partie, passe dans le foie où ils sont transformés en **corps cétoniques.** La plupart d'entre eux peuvent être utilisés comme combustible par le corps, cerveau y compris cette fois-ci. En effet, le cerveau est incapable d'utiliser la graisse sous sa forme initiale d'acides gras libres, alors qu'il peut se servir des corps cétoniques.

Tout ce processus, **c'est la fameuse cétose, qui n'est en fait que la capacité du corps à utiliser les graisses à la place des glucides lorsque ces derniers font défaut.**

C'est un mécanisme physiologique naturel. Un dispositif de survie inhérent à chaque être humain.

En fait, quand on maigrit, les trois mécanismes, glycogénolyse, néoglucogenèse et cétose, interviennent inévitablement. Si ce n'est pas le cas, on ne maigrit pas.

Cet exposé un peu fastidieux est nécessaire pour comprendre les mécanismes de l'amaigrissement et surtout, distinguer les bons des mauvais régimes.

Ce processus physiologique est connu depuis très longtemps. Il est tout de même étonnant que des théories scientifiquement invérifiables, voire incohérentes, soient encore appliquées, alors que des régimes cohérents, qui marchent et qui ne sont pas dangereux lorsqu'ils sont bien

PROCESSUS D'AMAIGRISSEMENT

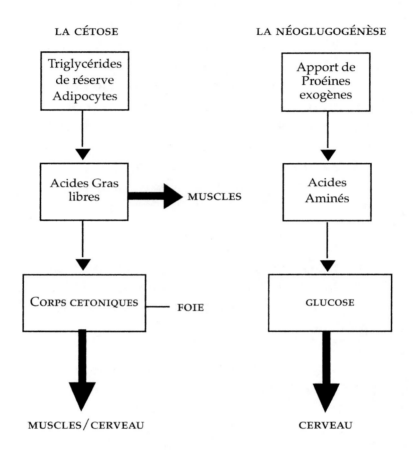

LA CÉTOSE

Triglycérides
de réserve
Adipocytes

↓

Acides Gras
libres ━━▶ MUSCLES

↓

CORPS CETONIQUES ─── FOIE

↓

MUSCLES/CERVEAU

LA NÉOGLUGOGÉNÈSE

Apport de
Proéines
exogènes

↓

Acides
Aminés

↓

GLUCOSE

↓

CERVEAU

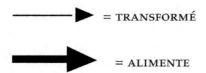

─────▶ = TRANSFORMÉ

━━━━▶ = ALIMENTE

encadrés, soient toujours la proie de critiques violentes. Pourquoi ? Par ignorance, par manque de curiosité, ou pour ne pas bousculer des croyances transmises à tort depuis trente ans.

2. Quelques précisions
   à propos des corps cétoniques

Les différentes sources d'énergie, **glucides, lipides, protides,** qui servent de carburant à notre organisme, sont utilisées selon une **chronologie logique et rigoureuse.** Nous avons vu dans le livre comment notre corps les consommait, et pourquoi il était cohérent de supprimer les sucres et réduire drastiquement les graisses dans le cadre d'un régime.

Pourtant, depuis quelques années, la diète d'épargne protéinée fait l'objet d'une violente polémique, attisée par des pseudo-naturopathes (qui n'ont de naturopathes que le nom et en aucun cas la vocation) et autres cadors de la nutrition. Ils accusent cette méthode d'acidifier l'organisme. J'aimerais remettre les choses au point.

Dès lors que vous avalez des protéines, que ce soit un morceau de viande ou de poisson, un œuf, des lentilles ou des céréales ou encore que ce soit sous forme de

poudre, vous consommez des acides !
Lorsqu'il s'agit d'acides aminés, personne ne crie au danger.

De même, quand vous brûlez vos graisses, c'est-à-dire quand vous maigrissez enfin, vous libérez des acides gras.
Aucun spécialiste ne vous dira qu'il est dangereux de perdre du poids à cause de la surproduction d'acides gras.

Durant le processus de dégradation des graisses dans l'organisme, une partie de ces acides gras (jusqu'à 60 %), sont transformés en corps cétoniques par le foie. Ils sont au nombre de trois, **l'acétone, l'acide acétoacétique et acide betahydroxybutyrique.** Les deux derniers sont bien des acides, comme leurs noms l'indiquent, mais leur fonction « acide » est faible.

Les corps cétoniques servent de carburant, l'organisme se trouvant lors de l'amaigrissement, en carence de sucre. Ils lui permettent de fonctionner dans les périodes de jeûne alimentaire ou de restrictions volontaires ou non.

C'est un mécanisme normal et physiologique.

Sans l'existence de ce mécanisme, l'espèce humaine n'aurait pas survécu aux premières mauvaises récoltes et aux carences alimentaires.

Toutes les civilisations, toutes les religions connaissent des périodes de jeûne volontaire, au cours desquelles, les personnes sont en cétose. Bouddha, Mahomet, Jésus... ont jeûné avant d'atteindre la « révélation ». Ils étaient aussi en cétose !

Dès lors que l'on maigrit, quel que soit le régime, on passe nécessairement par une phase de cétose.

Les corps cétoniques qui ne sont pas utilisés comme combustible par l'organisme, sont éliminés par les reins, dans les urines. Cette fameuse cétose fait peur, car elle est mal comprise. Ce processus ne présente cependant aucun danger, sauf pour les diabétiques insulino-dépendants (ne concerne donc pas le diabète gras ou de type II) et les personnes souffrant d'insuffisance rénale grave.

En effet, ces patients, de par leurs pathologies, ne sont plus aptes à éliminer correctement les corps cétoniques par les urines. Il en résulte une augmentation de la concentration d'acide dans l'organisme. C'est ce qu'on appelle l'acidose.

Mais, cette acidose n'est grave je le répète, que lorsqu'elle concerne des diabétiques insulino-dépendants, et des insuffisants rénaux.

Il faut donc largement relativiser les craintes et les suspicions.

Sur un organisme sain, l'acidose liée au jeûne est beaucoup plus faible qu'en cas de diabète décompensé et ne présente pas de risques.

Je conseille donc à tous les détracteurs de la diète d'épargne protéinée de réviser un peu leurs classiques avant de semer le trouble.

Je leur rappelle que s'ils veulent éviter cette « si dangereuse cétose » à leurs patients, il suffit de ne pas les faire maigrir.

3. Le seuil de l'insuline

Comme nous l'avons démontré dans le chapitre précédent, pour maigrir, il faut réduire considérablement l'apport en sucres.

Mais certaines personnes maigrissent très facilement avec une consommation assez élevée de glucides, et d'autres ne parviennent pas à perdre du poids, malgré un apport très réduit.

Je me suis donc demandé pourquoi il existait une telle différence entre les candidats au régime. Je me suis ensuite posé la question de savoir quelle était la quantité de glucides en dessous de laquelle le corps se met en cétose.

C'est-à-dire, **à partir de quand maigrit-on efficacement ?** Moins de 30 g de sucre par jour, de 50, voire de 60 g ?

En fait, la réponse est un peu plus complexe que cela.

> **Mon hypothèse** est qu'il existe **un seuil de l'insuline, variable selon les individus, qui détermine la faculté de maigrir de chacun.**

Pour l'instant, il est encore délicat de démontrer cette théorie, en raison de la difficulté à doser précisément l'insulinémie.

Le processus fonctionne selon la logique suivante : la réduction de l'apport de glucides entraîne une baisse du taux de glycémie dans le sang et conduit à une diminution de l'insulinémie.

Lorsque celle-ci est en **dessous d'un certain seuil,** une cascade de réactions biochimiques se déclenche dans l'organisme qui aboutit à **l'utilisation des graisses comme combustible à la place du glucose et à la formation de corps cétoniques.**

Mais, ce mécanisme intervient plus ou moins rapidement selon les sujets. Je le répète, il est différent d'un sujet à l'autre.

Des réponses à vos questions

1. QU'EST-CE QUE LE SUCRE ?

Dans le langage courant, on parle de sucres rapides et de sucres lents. Les premiers sont essentiellement des aliments au goût sucré, comme le sucre en poudre ou en morceaux, les friandises, le chocolat, les gâteaux, la confiture, le miel et les fruits...

Les sucres lents n'ont pas cette saveur douce. C'est le cas du pain, des pâtes, des légumes secs, des céréales, etc.

Aujourd'hui, on nuance cette classification en tenant compte de l'index glycémique des aliments.

> **On utilise une table d'index glycémique, sorte d'échelle de Richter des glucides, pour déterminer le taux de sucre d'un aliment et sa propension à déclencher la production d'insuline. Plus l'index glycémique est élevé, plus la sécrétion d'insuline est importante et plus l'aliment fait grossir.**

Il apparaît que certains sucres dits lents se comportent comme des sucres rapides, par exemple, le pain blanc, les pommes de terre cuites au four ou le riz soufflé.

En effet, les ingrédients à fort index glycémique, comme les biscottes, le pain blanc, le sucre de table, la bière ou le miel (le pollen est transformé par les abeilles) ont une caractéristique commune, ils doivent subir une transformation pour pouvoir être consommés.

À l'inverse, les fruits qui contiennent surtout du fructose, se comportent plutôt comme des sucres lents.

2. POURQUOI LE SUCRE EST MAUVAIS, ET POURQUOI IL EST MAUVAIS DE L'INTERDIRE ?

Aujourd'hui, le sucre est partout. Il suffit de se promener dans les allées d'un supermarché pour comprendre l'importance qu'il a pris dans nos habitudes alimentaires.

Les rayons débordent de crèmes desserts, de flans, de riz au lait, de mousses de toutes sortes, d'îles flottantes appétissantes... Ils sont une invitation permanente à consommer. Adultes et enfants cèdent d'ailleurs à la tentation, puisque les douceurs lactées sont devenues le dessert biquotidien des français, au détriment des fruits.

Les volumes proposés ont changé également. On ne trouve plus désormais de bâtons glacés de taille normale (demandez à votre rejeton s'il connaît les esquimaux de votre enfance...), mais des magnums de chocolat glacé, ou des petits pots de glace d'un demi-litre en part « individuelle ».

Autrefois, le choix étant réduit, la famille avait peu de biscuits industriels dans son placard. Il s'agissait souvent de quatre-quarts à couper en tranche. Ce qui faisait qu'on en mangeait une part, deux au maximum, mais jamais plus. On assiste de nos jours à une dérive. Tous les gâteaux sont emballés dans des sachets individuels qui, par leur poids et leur présentation, poussent à la consommation.

C'est tellement plus pratique. Cette barre chocolatée équivaut à un verre de lait, je peux l'avoir sur moi sans problème. Si réellement le goûter en question a les mêmes vertus nutritionnelles qu'un verre de lait, buvez-en, ce sera aussi savoureux, et beaucoup moins sucré que le biscuit.

Les industriels ont beau afficher les taux de vitamines, fibres, minéraux de leurs produits et clamer qu'ils sont bénéfiques dans le cadre d'une alimentation équilibrée, il ne faut pas se leurrer. **Ils contiennent surtout des glucides, rapides et lents, et des lipides. Ces compositions nutritives facilitent, on l'a vu, la prise de poids et l'addiction au sucre.**

Pour comprendre ce phénomène de dépendance au sucre et de prise de poids, il faut se référer à l'indice glycémique des produits.

Au sommet de cette classification, on trouve le maltose, sucre contenu dans la bière, avec un indice glycémique de 110. Celui du glucose, substance de référence, n'est que de 100. On comprend pourquoi la bière fait grossir, elle contient le sucre le plus rapide qui soit.

C'est la seule boisson que l'on boit sans soif. Vous aimez l'eau, les sodas ou le vin, mais vous ne pouvez pas ingurgiter un litre de ces breuvages d'un coup. Avec la bière, c'est possible.

Pourquoi ? Parce que la sécrétion d'insuline est très forte. Elle déclenche une hyperglycémie puis une hypoglycémie réflexe qui donne la sensation de soif. **La dépendance à la bière ne correspond donc pas à une addiction alcoolique (elle contient peu d'alcool), mais à une dépendance à son sucre.**

Le sucre rapide est, à mon sens, le principal risque alimentaire de nos sociétés, plus encore que les graisses ou le sel.

Chez les obèses, le **risque cardio-vasculaire** est 10 fois plus élevé que chez une personne ayant un poids normal.

De plus, le sucre en excès est responsable du **diabète** qui peut provoquer la **cécité.** C'est-à-dire qu'il peut nous priver de notre plus beau sens.

Personne ne dénonce ces risques. De vastes campagnes de sensibilisation contre le tabac sont menées, à juste raison, depuis quelques années en France, mais qui avouera que **le sucre tue** également ?

Il nous rend rapidement dépendant et de manière beaucoup plus insidieuse que les drogues reconnues comme telle. Les glucides constituent 60 % de nos dépenses énergétiques. Si une personne souhaitant maigrir et qui ne se trouve pas en cétose supprime les sucres lents de son alimentation, son organisme va lui rappeler violemment son besoin en glucides. Fatalement, cette personne se ruera sur des sucres rapides qui lui apporteront une satisfaction immédiate mais à court terme, et qui favoriseront une prise de poids.

Les sucres rapides ne sont d'aucune utilité pour notre corps !

Comment appelle-t-on un produit qui n'est pas naturel, dont on n'a pas besoin pour vivre et qui crée une addiction ? Une drogue... La seule solution envisageable, comme pour la cigarette, l'alcool ou la cocaïne, est le sevrage.

C'est ce que je propose, dans le cadre d'une diète protéinée.

Pourtant, il est dangereux de bannir totalement les sucres rapides de notre alimentation. On ne doit pas oublier que la diététique est constituée de nombreux éléments irrationnels.

> **L'équation, sucré = enfant gentil = amour des parents est profondément ancrée dans l'inconscient collectif occidental.**

Depuis une vingtaine d'années, de nombreuses mères limitent **drastiquement** la consommation de sucreries chez leurs enfants, au nom de principes diététiques mal assimilés. Les médecins constatent que pour beaucoup de ces enfants, la privation de sucre est vécue comme une punition injuste. Résultat, les enfants présentent des troubles du comportement, comme des crises boulimiques, pour compenser le manque. En outre, renoncer à cet aliment, c'est parfois s'exposer à l'exclusion du groupe. Ce qui est toujours très mal vécu chez les petits et les adolescents.

Le processus est le même une fois parvenu à l'âge adulte. Se priver totalement et surtout *ad vitam eternam* de sucre, conduit parfois à revivre inconsciemment la sévérité de ses parents et à en consommer de manière compulsive et coupable.

Il est donc illusoire et inefficace d'interdire complètement le sucre.

Je rappelle, que dans le cadre de mon régime d'épargne protéiné, **je n'exclue la consommation de glucides que dans un laps de temps déterminé.** Je les réintroduis progressivement dans l'alimentation, mais en apprenant à mes patients à reconnaître la juste dose, sans abus, et surtout dans le plaisir. Comme me le disait un de mes patients, « avant le régime, je pouvais avaler une tablette entière de chocolat en me mortifiant ensuite, évidemment. Aujourd'hui, un carré et c'est l'extase » !

3. La diète protéinée, commencement ou fin de la poudre aux yeux ?

Pourquoi utiliser des protéines recomposées sous forme de sachet, plutôt que de la viande ou du poisson ?

J'ai expliqué précédemment, que les régimes protéinés tel celui d'Atkins, qui ne se basaient que sur la consommation de protéines animales comprenaient trop de lipides. Ils étaient une porte ouverte au cholestérol. De plus, même si la viande est une bonne source d'acides aminés, il y a un apport trop faible d'une substance essentielle : la méthionine.

Il y a un autre critère indispensable dont on ne tenait pas compte dans les années 1970, c'est le degré d'assimilation des protéines. Toutes ne se valent pas sur ce point.

Retenez également qu'un sachet de 25 g, contenant 20 g de protéines assimilables, ne compte que **90 calories.**

Le taux d'assimilation des protéines de la viande est d'environ 75 %. Cela signifie que 25 % ne sont que des déchets, inutilisables pour le corps.

Dans 100 g de viande, il y a 60 g d'eau et **15 g seulement de protéines qui seront assimilées par l'organisme !** (voire 20 g au maximum pour une viande de qualité exceptionnelle).

Donc, **l'efficacité de la viande** par rapport à l'assimilation des protéines est de 15 % seulement.

Les sachets présentent une bien meilleure digestibilité. Chaque dose pèse 25 g, dont **20 g de protides** assimilables. L'efficacité des sachets par rapport à **l'assimilation des protéines est donc de 80 %.**

À poids égal, les protéines en poudre sont au moins 5 fois plus efficaces que la viande ou le poisson pour la synthèse protéinique, donc pour le maintien de la masse musculaire (ou masse maigre).

Pour obtenir la même valeur de protéines assimilées, il faut consommer un steak de 135 g, correspondant à 290 Kcal. Les protéines de viande contiennent en outre des lipides et des toxines que l'on ne retrouve pas dans les sachets.

La notion de valeur biologique et de facteur limitant :

Dans la pratique, l'efficacité des protéines dépend uniquement de leur équilibre en acides aminés essentiels. Il doit être aussi proche que possible de celui des protéines de référence adoptées, celles de l'œuf ou du lait, qui offrent une proportion d'acides aminés essentiels optimale. Il n'y a pas de facteur limitant à leur assimilation. On considère donc qu'elles présentent la meilleure valeur biologique (c'est-à-dire la meilleure efficacité).

Tout déficit en acides aminés essentiels limite les possibilités d'assimilation protidique et donc l'efficacité.

Prenons le cas de la viande. Elle présente un déficit en méthionine (un acide aminé essentiel à l'organisme) de 30 % par rapport à la protéine de référence. On estime donc sa valeur biologique à 70 %. Son efficacité n'est pas parfaite.

C'est pourquoi, pour éviter un déséquilibre en acides aminés, il est nécessaire de mélanger les sources de protéines. C'est ce que l'on fait spontanément dans notre alimentation, et c'est aussi ce que proposent les sachets utilisés au cours d'une diète protéinée.

Dans ce cas, pourquoi ne pas prescrire que des sachets lors d'une diète protéinée ?

Je préfère maintenir un lien avec une alimentation normale. Premièrement, la personne continue à mastiquer de la nourriture, elle n'avale pas que des bouillies. C'est bon pour le moral !

Deuxièmement, cela permet aux patients de garder une vie sociale et conviviale correcte.

Paradoxalement, plus le poids à perdre est conséquent, plus il est important de maintenir une certaine normalité.

Y a-t-il une carence en acides gras essentiels dans une diète protéinée ?

Les lipides jouent un rôle nutritionnel majeur. Ils nous apportent des acides gras essentiels que le corps ne fabrique pas.

Des études[1] ont démontré qu'en cas de jeûne, l'organisme, en brûlant ses graisses de réserve, récupérait ces acides gras essentiels. Même après une cure prolongée, des mesures effectuées régulièrement sur l'acide linoléique (acide gras essentiel) dans les tissus adipeux n'ont montré aucune diminution dans la composition des acides gras.

---

1. Travaux des P[rs] Ditschneit et Wechsner.

Malgré cela, **je préconise toujours un apport d'acides gras essentiels (Oméga 3 et Oméga 6) durant la diète.**

On trouve les Oméga 3 dans l'huile de colza, de noix, de soja ou dans l'huile de poisson (qui existe sous forme de capsule). Ils sont excellents pour la prévention des maladies cardio-vasculaires et pour la prévention du vieillissement des membranes. En plus, ils sont bons pour le moral.

Les Oméga 6 eux, sont présents dans l'huile de tournesol, de maïs ou de soja.

Ces huiles vous permettent d'agrémenter les crudités avec une vraie vinaigrette, à condition de ne pas en rajouter une louche.

4. Avantages et inconvénients
   de la diète d'épargne protéinée

Pour :

— **C'est un régime très simple à suivre,** vous n'avez pas à peser les aliments. Il ne demande donc aucune organisation spécifique.

— **Il est sans danger,** puisqu'il est limité dans le temps.

— **Il a une grande fiabilité.** Cette diète ne peut pas ne pas marcher.

Pourquoi ? Pour vivre, l'organisme puise à trois sources d'énergie, les glucides, les lipides et les protides. Il utilise en priorité les glucides. Mais, si l'on supprime cette source d'énergie, il y a logiquement deux possibilités. Soit le corps cesse de fonctionner (on a vu que ce n'est pas le cas), soit il se tourne vers ses stocks de lipides et de protides. Il y a donc forcément perte de poids. Si ce n'est pas le cas, la personne se nourrit peut-être de l'air du temps, ou plus probablement persiste à consommer des glucides.

CONTRE :

— **L'impression de ne pas manger une nourriture normale,** l'absence de mastication.

Ce n'est pas bon. On ne trouve pas de plaisir à avaler les extraits de protéines en sachet. Un sentiment persistant de frustration prouve qu'il y a une mauvaise compréhension de la diète. Il conduit forcément à l'échec du régime, avec un risque de rejet au bout du compte. Les enfants et la plupart des adolescents ne sont pas aptes à assumer psychologiquement un tel régime.

Le patient doit donc adhérer à la démarche, en toute confiance. Les bodybuilders qui ingurgitent des protéines en poudre à longueur d'année ne se plaignent pas du goût. L'importance du but à atteindre est telle (dans leurs cas, développer leurs muscles), qu'ils les avaleraient même si la poudre était amère.

Par contre, je ne préconise jamais la diète pro-téinée à des personnes qui sont dans une période dépressive grave. Mais ce principe est valable pour tous les régimes.

— **Le sentiment de suivre un régime impersonnel,** qui n'est pas adapté à sa situation. Si c'était le cas, le régime ne fonctionnerait pas !

— **L'absence de convivialité.** C'est pour-quoi, je laisse toujours un repas normal au cours d'une journée.

— **C'est cher...** Si vous achetez votre stock de sachet pour un mois de diète, il est vrai que cela semble coûteux. Mais, à bien y réfléchir, si vous deviez achetez suffisamment de viande et de poisson pour vous nourrir durant trente jours, cela vous reviendrait encore plus cher.

Vous allez en plus faire l'économie de tous les aliments qui vous font grossir. On ne vous donne pas les gâteaux, le chocolat, le fromage, la charcuterie, les apéritifs... qui garnissent vos pla-cards. On vous les vend. Toutes ces denrées ont un coût mais, curieusement, on a tendance à l'occulter.

CONTRE-INDICATIONS ABSOLUES :

— **Diabète insulinodépendant.** La cétose présente est dangereuse pour ces patients. Les corps cétoniques sont pour la plupart des acides. Leur accumulation provoque une acidification de l'organisme et du sang. C'est ce qu'on appelle l'acidose. Or, le diabétique insulinodépendant n'est pas capable de compenser l'état d'acidose de la cétose.

— **Insuffisance rénale grave.** Ce n'est pas l'utilisation des protéines qui est en cause, mais la grande difficulté de ces patients, est due à un mauvais fonctionnement des reins, à éliminer les corps cétoniques.

— **Insuffisance hépatique grave.** Puisque la cétose est un processus qui se déroule au niveau du foie.

CONTRE-INDICATIONS RELATIVES :

— **Accidents cardio-vasculaires récents.** Tous les régimes peuvent aggraver un problème cardiaque récent.

— **Grossesse et allaitement.** Je rappelle qu'un régime est une carence. Une femme enceinte ou qui allaite a besoin au contraire d'une alimentation équilibrée.

De plus, en l'absence d'études cliniques sur les conséquences de la diète protéinée sur la composition du lait maternel, mieux vaut s'abstenir. En effet, nous ne sommes pas en mesure pour l'instant de prouver son innocuité.

— **Les enfants qui n'ont pas fini leur croissance.** Ils ne sont pas aptes psychologiquement à suivre un régime trop restrictif. Cela risque de conduire au résultat inverse en provoquant des troubles du comportement alimentaire, tel la compulsion.

— **Troubles psychiatriques graves, dépression profonde.** Cette contre-indication est vraie pour tous les régimes. Les personnes ne seront pas capables d'y adhérer.

— **Le beurre et l'argent du beurre.** Enfin, sont à écarter du régime toutes les personnes qui veulent perdre du poids sans faire d'efforts.

5. LES RÉGIMES TROP RESTRICTIFS
   ENTRAÎNENT-ILS PLUS DE TROUBLES
   DU COMPORTEMENT ALIMENTAIRE ?

Ce reproche s'appuie sur un principe simple. Une personne en privation trop longtemps se précipiterait sur la nourriture, en privilégiant ce qui fait grossir, lorsqu'elle a terminé son régime.

Je pense pour ma part que s'il y a troubles alimentaires à ce moment-là, c'est que ces troubles existaient déjà avant le régime. Sans quoi, la personne n'aurait jamais connu de problèmes de poids.

De plus, envisager la question sous cet angle, c'est valider l'idée qu'aucune réflexion sur le comportement alimentaire responsable de la prise de poids n'a été entreprise avec le patient durant toute la durée du régime. Le médecin a donc l'intention de lâcher son patient dès qu'il a maigri. Ce n'est pas sérieux !

J'estime qu'il est primordial de travailler sur la phase d'équilibre pendant l'amaigrissement, pour que la personne intègre le mieux possible la notion de bien manger.

Il ne faut pas se leurrer cependant, ce n'est pas en quelques rencontres qu'on peut avoir la prétention de changer radicalement le comportement et les habitudes alimentaires de quelqu'un. Il faut que cette personne en ait envie. **D'où l'importance du deuxième contrat, qui lie le praticien à sa patiente dans cette recherche d'équilibre.**

6. LA RÉTENTION D'EAU,
   VRAI OU FAUX PROBLÈME ?

Quand on perd du poids, on perd **trois composants du corps : l'eau, la graisse et le muscle.**

Qu'on le veuille ou non, toute perte de poids s'accompagne d'une déperdition d'eau. Par contre, **il est totalement faux de centrer le problème des kilos sur la rétention d'eau. Prendre des diurétiques est une erreur dan-**

gereuse. Le rôle de l'eau dans la cellulite et dans l'obésité a été largement surestimé. Je peux le démontrer très simplement. À l'image de notre planète, le corps humain est constitué de 60 % d'eau. Les muscles en contiennent également près de 70 %. La graisse, par contre, n'en renferme que 15 à 25 %. Le tissu adipeux est le tissu le moins irrigué du corps. Pensez en plus à une chose, **l'huile et l'eau ne se mélangent pas !**

Docteur, je fais de la rétention d'eau, phrase récurrente dans la bouche de mes patientes. **La rétention d'eau possible est celle qui est liée à un retour veineux déficient,** mais cela correspond à un volume très faible.

Après un régime, lors de la phase de stabilisation, si vous faites un écart important, un bon repas d'anniversaire par exemple, il n'est pas impossible que vous preniez 1 kg. « Ce n'est pas juste », pensez-vous. Il vous faut une semaine de vigilance laborieuse pour perdre 1 kg et une seule réunion de famille pour le reprendre. C'est vraiment décourageant. Ne vous mettez pas martèle entête, **car ce petit kilo, vous allez le reperdre très rapidement. Il est dû à l'eau que retiennent les aliments pour leur digestion.**

Un litre d'eau pèse 1 kg. Un litre de graisse pèse 800 g. Donc 1 kg de graisse correspond à un volume de 1,25 l d'eau.

Pensez-vous réellement avoir avalé un magnum de lipides au cours de ce fameux repas ?

Un exemple pour que vous compreniez bien à quel point ce problème de rétention d'eau a été exagéré. Une patiente me dit boire 2 l d'eau par jour et n'en évacuer qu'un seul. Si je fais le calcul, 1 l de liquide correspondant à 1 kg, cette femme grossit théoriquement de 30 kg par mois, et 365 kg par an... à cause de l'eau. Ce n'est pas concevable bien sûr.

Par conséquent, **prendre des diurétiques pour faire fondre la cellulite ou les kilos en trop vous conduit surtout à abîmer vos muscles,** organes les plus vitaux de l'organisme, je vous le rappelle.

7. La cellulite n'est pas une maladie

La cellulite est extrêmement mal perçue parce qu'elle est assimilée à une maladie. Cependant, utiliser ce mot n'a pas de sens, le terme est impropre. En médecine, le suffixe « ite » signifie infection ou inflammation. On parle de sinusite, de tendinite, de rhinite, de conjonctivite ou de péritonite. Tous ces vocables renvoient à des maladies.

Or, ce qu'on appelle communément cellulite est en fait une graisse hormonodé-

pendante qui se situe sur certaines parties du corps de la femme, les cuisses, la culotte de cheval, les fesses, les genoux... Elle n'a **rien de pathologique. Elle n'est ni inflammatoire, ni infectieuse, ni gorgée d'eau.**

Cellulite est un terme péjoratif, d'où une aversion marquée pour ce tissu mal aimé. Les femmes le triturent, le piquent, le maltraitent avec acharnement, peut-être parce qu'il est perçu comme une maladie honteuse.

Les régimes ne font jamais disparaître complètement la peau d'orange. Les femmes très minces en ont, les hommes aussi...

Cependant, pour celles qui veulent perdre du poids et estomper cette cellulite, certains régimes permettent de la réduire plus que d'autres.

Prenez une femme pas forcément en surpoids, qui veut perdre sa culotte de cheval. Elle suit un régime hypocalorique « équilibré ». Elle va perdre du muscle et un peu de graisse. Résultat, elle va fondre du haut du corps, mais très peu du bas. Si elle arrête son régime et regrossit, elle reprendra plus du bas que du haut. Le problème de la culotte de cheval n'aura à aucun moment été résolu.

Ce n'est pas le cas dans le cadre d'un régime hypocalorique protéiné, les protéines permettant de perdre de la graisse tout en conservant les muscles.

8. LE SPORT FAIT-IL MAIGRIR ?

Non, le sport ne fait pas maigrir. Il ne peut pas remplacer un régime. Après une heure de jogging ou de natation, si vous avez perdu 1 kg, ne vous leurrez pas. Il s'agit de 1 kg d'eau qui correspond au volume de sueur émis. Dès la première prise de boisson ou de nourriture (le sport ouvre l'appétit), vous retrouverez votre poids initial.

Pour perdre 1 kg de graisse grâce au sport, il vous faudrait marcher quarante heures, nager vingt heures ou courir seize heures d'affilée ! Si vous en êtes capable, changez de vie et préparez-vous à gagner les prochains Jeux Olympiques.

Le sport est inutile alors ? Bien sûr que non, **c'est un précieux allié** dans votre démarche pour perdre du poids, à condition de se montrer patient. L'activité physique **augmente le métabolisme de base.** Plus vous vous musclez, plus vous dépensez d'énergie. Cela facilite la stabilisation et empêche de grossir. Imaginez vos muscles comme un moteur. Même lorsque vous avez terminé un effort physique, la machine met du temps à refroidir et permet par conséquent de brûler davantage de calories. À l'inverse, si votre masse musculaire fond lors d'un régime parce que vous ne fournissez pas assez de protéines à votre corps, vos dépenses énergétiques vont se ralentir. Votre organisme se met en mode épargne.

Pour qu'une activité physique soit efficace, elle doit se faire sur le long terme. Cela ne sert pas à grand-chose de pratiquer un sport sur des coups de têtes. S'épuiser deux heures durant à courir chaque fois qu'il vous tombe un œil ne changera rien à votre métabolisme, et vous dégoûtera sûrement du jogging très rapidement, surtout si vous n'êtes pas sportif dans l'âme.

Préférez trente à quarante minutes de marche quotidienne, en sortant du métro un ou deux arrêts plus tôt ou en ne prenant pas la voiture pour les courses de proximité. Ce n'est pas une activité impressionnante, mais sans même vous en rendre compte, vous allez en tirer les bénéfices.

Indirectement, le sport permet également une sensibilisation aux questions d'hygiène de vie. Un sportif est attentif à son alimentation, à sa forme, aux abus en tout genre – tabac, alcool, grignotage. **En bougeant votre corps, vous apprenez à le respecter.**

9. LE SPORT REMPLACE-T-IL LES PROTÉINES ?

« Écoutez docteur, franchement, ce n'est pas la peine que je prenne des protéines durant mon régime, je fais du sport. » Vous auriez raison, si vous étiez un enfant en pleine croissance, puisque durant cette phase, un enfant fabrique du muscle. Une fois adulte ce n'est plus le cas, sauf si vous faites régulièrement du sport et que vous mangez beaucoup de protéines. **Le sport seul ne permet pas de faire du muscle.**

Même si vous faites appel au meilleur maçon de votre région pour qu'il vous élève un mur, il aura beau être très compétent, très consciencieux et revenir tous les jours, s'activer avec sa truelle et son ciment, sans matériaux, il ne construira rien du tout si vous ne lui fournissez pas de briques.

C'est pareil pour les muscles. Pour se développer, ils ont besoin de protéines !

10. RÉFLEXIONS ENTENDUES

Vous avez remarqué que tout le monde a son mot à dire sur votre régime.

Il y a deux sujets dans la vie sur lesquels chacun pense avoir raison : la politique et les régimes.

— ***Attention, c'est complètement déséquilibré :*** Évidemment votre diète n'est pas équilibrée, sinon, vous ne maigririez pas. C'est le b.a. ba pour perdre du poids.

— *Si j'arrête docteur je vais tout reprendre* : Si quelqu'un connaît un régime qui vaccine définitivement contre les kilos, qu'il le fasse savoir enfin, cela soulagerait beaucoup de monde et on gagnerait en temps et en effort.

Lors de chaque première consultation, c'est la première chose que je dis : maigrir et stabiliser sont des démarches bien distinctes. Mais il est souvent plus difficile de maintenir son poids idéal après un régime, car cela implique que vous changiez de comportement alimentaire. Manger normalement, c'est rarement manger comme avant.

— *J'ai une amie qui a suivi la diète d'épargne protéinée et qui a tout repris* : Posez-lui la question, combien de fois a-t-elle rencontré son médecin ? Lui a-t-il parlé du deuxième contrat concernant la stabilisation ? Je vous rappelle que le premier contrat, maigrir, est relativement aisé à remplir. Vous avez un but, et vous pouvez vous féliciter concrètement du résultat. Dans ce cadre-là, vous agissez, vous ne subissez plus votre poids. Mais cette étape est inepte si elle n'est pas suivie par un deuxième pacte, la stabilisation, qui demande non plus d'agir, mais de gérer une alimentation équilibrée.

— *Puis-je entreprendre une diète protéinée seul, sans accompagnement ?* : Je ne vous le conseille pas. D'abord, parce qu'on a besoin d'être encadré pour le réussir. Le contrat de confiance entre le médecin et le patient est la clé de voûte du régime.

Ensuite, parce qu'un régime quel qu'il soit est carencé, par définition. Il est donc nécessaire d'être suivi par un praticien qui prescrira des vitamines, des sels minéraux (magnésium, potassium, calcium) et des examens complémentaires si besoin est.

— *Je ne comprends pas pourquoi, je n'ai pas le droit de manger des fruits, ils ne font pas grossir :* Bien sûr que non, les fruits ne font pas grossir, ils sont excellents à déguster en période de maintien, mais pas pour perdre du poids. Ils peuvent empêcher l'amaigrissement en bloquant le mécanisme de la cétose. Si vous croquez une pomme en plein régime, vous fournirez du sucre à votre corps et vous ne maigrirez plus. Il faudra attendre deux ou trois jours pour que se fabriquent à nouveau les corps cétoniques et pour que votre organisme aille repuiser dans son compte épargne de graisse.

— *Allez pour une fois, tu peux bien te relâcher un peu :* C'est le genre de réflexions que peuvent vous faire les bonnes copines durant votre régime.

Effectivement, UN écart ne vous fera pas regrossir, par contre, il freinera la perte de poids durant deux jours. À vous de bien le gérer et de ne pas vous laisser décourager par la balance.

— *Arrête de maigrir, tu es très bien comme ça :* C'est très flatteur pour vous si votre entourage le pense, mais ce n'est pas à eux d'en juger, mais à vous seule. N'oubliez pas, les gens admettent rarement facilement les changements. Ils vous ont toujours connu en situation d'échec ou de difficulté par rapport à votre poids. Pour eux, c'est une perte de repères. Où est passée la bonne fille trop ronde ; mais toujours rigolote qui semblait encaisser les coups comme un punching-ball ?... Vous avez changé de statut. De la fille qu'on plaint, vous êtes passée à la femme qui séduit. Vous devenez une rivale potentielle.

Votre succès, en outre, les renvoie parfois à leurs propres déboires. Je me souviens de mon voisin du 8ᵉ étage. Je ne le connaissais pas, mais j'ai appris un jour qu'il était parti s'installer à Tahiti. Un instant, sa bonne fortune m'a ennuyé. Elle me renvoyait à la grisaille de mon quotidien.

Ne vous laissez pas influencer et soyez vigilante. Les gens ne croient peut-être pas au succès de votre entreprise, parce que vous-même vous n'y croyez pas encore tout à fait

— ***Attention, si tu perds vite du poids, tu vas le reprendre encore plus vite :*** J'aimerais beaucoup que l'on m'explique par quel mécanisme vous êtes censé regrossir plus rapidement que vous avez maigri.

J'ai souvent suivi des patients qui parvenaient à maigrir de 5 à 6 kg le premier mois. Par contre, je ne connais personne qui reprenne ces 6 kg dans le même laps de temps.

On retombe toujours sur la même problématique. Que vous perdiez rapidement ou pas votre poids, si vous ne faites pas la phase de stabilisation vous regrossirez. Il faut donc arrêter d'accuser les régimes !

11. Quelques astuces pour tenir le coup

Vous pouvez modifiez votre comportement sans que cela bouleverse votre façon de vivre. Ce sont des petits trucs qui peuvent vous aider à réussir le régime et surtout à stabiliser.

— **Faire les courses après avoir mangé.** Le ventre plein, on a moins tendance à se ruer sur les paquets de gâteaux qui vous narguent du haut des rayonnages.

— **Faire une liste précise des ingrédients dont vous avez besoin.** En ayant en tête six ou sept recettes simples et savoureuses, vous pouvez penser les menus de la semaine à l'avance. Cela a plusieurs avantages : Vous savez quoi acheter, vous n'avez pas d'excuses pour traîner dans les rayons interdits. Il n'y a plus de place pour l'improvisation et les achats compulsifs, vous remplissez votre chariot avec ce dont vous avez besoin durant sept jours, pas plus. Enfin, lorsque vous rentrez le soir fatiguée, et qu'il faut préparer à manger pour toute la famille ou pour vous seul dans la précipitation, vous n'avez plus à réfléchir à ce que vous allez proposer. Vous avez tous les ingrédients à portée de mains pour un repas sain. Il devient inutile de se rabattre sur les raviolis ou le cassoulet en boîte. Cela vous prendra peut-être dix minutes de préparation en plus, mais au moins, vous aurez la satisfaction d'avoir bien mangé, sans stress.

— **Redécouvrir les saveurs.** Désormais, tous les épices, les condiments et toutes les herbes sont disponibles dans les supermarchés ou sur les marchés. Ce sont des petits plus qui exhalent le goût des aliments.

Redécouvrez le plaisir de cuisiner vos plats salés ou sucrés avec du curry, des baies roses, du gingembre, de la cannelle ou des clous de girofles.

N'hésitez pas à utiliser la coriandre fraîche ou la citronnelle comme ils le font en Asie pour le poisson, à saupoudrer les légumes de basilic, de persil ou de fines herbes, ou à enrober les viandes de thym ou de romarin. Ces herbes donnent non seulement un goût délicieux à vos préparations mais aussi des odeurs appétissantes qui cassent la monotonie du régime.

Ne vous privez pas enfin de sauce soja ou de piment qui relèvent la fadeur de certains aliments. On peut maigrir ou stabiliser tout en se faisant plaisir, c'est une question d'imagination.

— **S'inviter à manger.** Les repas sont des moments importants de la journée. On se retrouve en famille, en couple, ou avec soi... Manger doit être synonyme de détente et de plaisir même si on se retrouve seul devant son assiette. Vous prenez la peine de cuisiner pour les autres, enfants, conjoint ou amis, alors pourquoi pas pour vous ? Si vous dînez seul, dresser tout de même la table, il n'y a aucune raison que vous mangiez debout. Mettez un peu de musique plutôt que d'ingurgiter de la nourriture devant le journal télévisé. Et profitez de ce que vous mangez, en prenant le temps de savourer. Vous n'avez pas à vous remplir, mais à vous faire plaisir.

— **Faire de l'exercice physique sans y penser.** Si vous n'étiez pas fana de sport avant d'entreprendre le régime, vous avez peu de chances de le devenir pendant et après la diète. Mais vous pouvez, l'air de rien, améliorer votre activité physique. Prenez les escaliers pour monter deux, trois, voire quatre étages. Au début, cela vous paraîtra un peu fastidieux, vous serez essoufflé, les jambes un peu lourdes. Mais après quelques semaines à ce rythme, vous n'aurez plus le réflexe d'appeler l'ascenseur.

Descendez un ou deux arrêts de bus ou de métro avant votre destination. Idem, lorsque vous partez de chez vous, montez à la station suivante. Cela ne vous prend que quelques minutes à chaque trajet, mais à la fin de la journée, vous aurez bien marché, sans faire de gros efforts.

— **Respirer à fond.** Certes, cela ne fait pas maigrir, mais la respiration a un effet calmant en cas de fringales intempestives. C'est en outre déstressant et défatiguant.

— **Se faire plaisir.** Vous venez de perdre les premiers kilos. Pourquoi ne pas fêter ces bonnes nouvelles en vous offrant quelque chose ?... Prenez soin de vous. Se faire plaisir, c'est bon pour le moral et c'est un encouragement dans votre démarche pour maigrir.

12. Des recettes pour ne pas maigrir triste

Voici quelques idées qui vous aideront à mieux vivre les phases de restrictions. Je clos ce chapitre sur des recettes simples, mais bonnes et équilibrées, que vous pourrez décliner au fil de votre inspiration et qui plairont à toute la famille.

Les doses proposées, sont prévues pour quatre personnes.

L'ART D'ACCOMMODER LES SACHETS DE PROTÉINE

Si vous vous rebellez à l'idée de manger des sachets de protéines tous les jours, voici quelques recettes qui vous permettront de les agrémenter différemment. Avec un peu d'imagination vous pouvez réaliser en effet des petits plats au goût pas si éloignés des menus traditionnels.

PLATS SALÉS :

— ***Velouté de cèpes.***
1 sachet protéiné de velouté, ail, fines herbes, 100 g de champignons de Paris.

Préparer le sachet et ajouter les champignons cuits rapidement à la vapeur et émincés. Saupoudrer d'ail et de fines herbes.

— ***Pizza.***
1 sachet de pain aux protéines, 1 sachet de tomates, champignons de Paris, 1 poivron vert, épices à pizza.

Mélanger le sachet de pain avec de l'eau, et mettre la préparation au four. Quand le pain commence à dorer, disposer dessus la sauce tomate, les champignons émincés, le poivron et les épices.

— *Omelette printanière.*
1 sachets d'omelette, 4 blancs d'œufs, 1 oignon vert, 1 tomate bien mûre, courgette ou champignons.

Battre les œufs en neige. Ils doivent être bien fermes. Délayer les sachets. Mélanger avec les tomates concassées et les champignons émincés (ou la courgette légèrement cuite à la vapeur). Incorporer doucement les blancs d'œufs pour ne pas les casser. Faire cuire au four micro-ondes dans un plat à hauts bords.

— *Cake de poisson aux petits légumes.*
2 sachets de soupe de poisson, 2 galets d'épinards surgelés, brocolis, courgettes, 2 blancs d'œufs, 2 poivrons, sel et poivre, coriandre fraîche, 1 échalote.

Cuire à la vapeur séparément tous les légumes. Bien égoutter. Préparer la soupe de poisson avec 100 ml d'eau (elle ne doit pas être trop liquide). Incorporer délicatement à la sauce de poisson les 2 blancs d'œuf battus en neige. Assaisonner. Parsemer de la coriandre et de l'échalote finement hachées. Dans un moule à cake, disposer une couche d'épinards, napper de sauce,

1 couche de brocolis, napper de sauce, 1 couche de courgettes, napper de sauce. Finir par la couche de poivrons. Faire cuire 15 à 20 mn à thermostat 7 (200°).

Ce cake peu se manger tiède ou froid, accompagné d'un coulis de tomates et d'une salade verte.

— **Pan bagnat.**
2 sachets de pain de protéines, 1 blanc d'œuf, salade verte, 1 tomate, 1 concombre, câpres, 2 blancs d'œufs durs, vinaigrette allégée (voir recette ci-dessous).

Mélanger les sachets avec très peu d'eau. Incorporer le blanc d'œuf battu en neige. Faire cuire au four. Couper la salade, la tomate et le concombre. Sortir le pain du four et le laisser refroidir. Le couper en deux et disposer les légumes, les blancs d'œufs durs et la vinaigrette.

LES DESSERTS :

— **Île flottante.**
1 sachet d'entremets vanille, 1 sachet d'entremets caramel, édulcorant, 2 blancs d'œufs.

Préparer le sachet d'entremets vanille avec un peu d'eau pour lui donner la consistance d'une crème anglaise. Battre les blancs en neige avec un peu d'édulcorant. Les faire pocher dans de l'eau bouillante. Bien les égoutter et les disposer sur la crème à la vanille. Préparer le sachet de caramel. Décorer les blancs d'œufs avec un peu de cette préparation. Garder au frais.

— Gâteau vanille.
1 sachet de gâteau vanille, 1 sachet de boisson chocolat, 1 blanc d'œuf.

Battre le blanc d'œuf en neige. Préparer le gâteau vanille avec 60 ml d'eau. Incorporer le blanc d'œuf. Faire cuire la préparation 1 ou 2 mn au four à micro-ondes. Préparer la boisson chocolat avec 60 ml d'eau. Démouler. Laisser refroidir, puis le napper de la sauce chocolat. Réserver 2 heures au réfrigérateur.

— Gâteau marbré.
1 sachet de gâteau chocolat, 1 sachet de gâteau vanille, 1 blanc d'œuf.

Battre le blanc d'œuf en neige. Préparer le sachet de gâteau chocolat et de gâteau vanille séparément. Incorporer le blanc d'œuf à la préparation au chocolat. Dans un moule, verser d'abord la préparation au chocolat, puis celle à la vanille. Faire cuire au four 15 mn à thermostat 6 ou 7.

RECETTES MINCEUR :

LES ENTRÉES :

— **Soupe de légumes croquants.**
1 carotte, 1 poireau, 1 branche de céleri, 1/2 chou vert, 2 navets, 1 litre de bouillon de légumes (fait maison si possible), 1 feuille de laurier, ciboulette, fleur de sel, poivre en grain.

Couper la carotte, le poireau, le céleri et les navets en très fines lanières. Émincer finement le chou. Dans une casserole, verser le bouillon de légumes et la feuille de laurier. Porter à ébullition. Ajouter alors les légumes, sauf le chou. Laisser cuire 6 mn, puis incorporer le chou vert. Sans couvrir, laisser mijoter 5 mn. Assaisonner. Saupoudrer de ciboulette ciselée au moment de servir.

La grande qualité de cette soupe est de conserver les légumes croquants. Or, le fait de mastiquer est particulièrement apprécié dans la phase de diète protéinée.

— **Salade de poulet à l'oriental.**
500 g de blanc de poulet cru, 300 g de germes de soja frais, 1 concombre, 1 gousse d'ail, 3 oignons verts, 1 citron vert, 1 cuill. à soupe d'huile de sésame, 2 cuill. à soupe de nuoc-mâm, 2 cuill. à soupe de sauce de soja, coriandre et menthe fraîche.

Couper le poulet en petites lanières, faire revenir sans huile dans une poêle anti-adhésive. Dans un bol, mettre l'ail pilé et les oignons émincés. Ajouter le jus d'un citron vert, le nuoc-mâm, la sauce de soja et l'huile de sésame. Bien mélanger.

Dans un saladier, disposer le concombre finement coupé et les germes de soja. Placer pardessus le poulet. Assaisonner avec la sauce. Saupoudrer de menthe et de coriandre fraîches.

— Salade blanche.

4 endives, 1 branche de céleri, 1 fenouil, graines de fenouil, graines de cumin, baies roses moulues, sel, vinaigrette allégée (voir recette ci-dessous).

Couper les endives, le céleri et le fenouil en rondelles fines. Mélanger les crudités avec 1 cuill. à café de graines de cumin et 1 cuill. à café de graines de fenouil. Arroser avec la vinaigrette allégée. Assaisonner.

Pour cette recette, on peut avantageusement remplacer l'huile d'olive par de l'huile de noix.

— Soufflé aux courgettes.

3 courgettes, 4 œufs, 1 gousse d'ail, noix de muscade, sel et poivre.

Peler et faire cuire les courgettes. Bien les égoutter. Les écraser soigneusement dans un saladier. Les mélanger aux quatre jaunes d'œuf battus. Ajouter la noix de muscade râpée, l'ail pilé. Saler et poivrer.

Monter les blancs en neige très ferme. Les incorporer avec précaution à la préparation. Mettre au four dans un moule à soufflé, jusqu'à ce qu'il soit bien monté (environ 30 mn). Servir immédiatement.

LES POISSONS :

— **Dorade grillée.**
1 dorade de 1,5 kg, 3 gousses d'ail, 1 bouquet garni, 1 citron, fleur sel et poivre.

Mettre le citron coupé en tranche, le bouquet garni et l'ail pilé dans le ventre de la dorade (qui aura été vidée). Chauffer le four au maximum, placer à mi-hauteur la dorade sur le grill, munie de la lèchefrite. Laisser la porte du four entrouverte. Ne pas ajouter de matières grasses. Après 15 à 20 mn de cuisson, assaisonner le poisson et le retourner. Le faire cuire encore 5 mn. Servir avec un filet de citron.

— **Rougets en papillotes.**
4 rougets de 150 g chacun, 1 flacon de graines de fenouil, 2 oignons, 1 citron, 1 cuill. à soupe d'huile d'olive, sel et poivre. Four thermostat 4/5 (180°).

Hacher les oignons. Déposer chaque rouget dans une feuille d'aluminium. Les enduire d'huile d'olive à l'aide d'un pinceau. Ajouter les oignons hachés, les graines de fenouil, le sel et le poivre dans chaque papillote. Arroser d'un filet de jus de citron. Fermer hermétiquement chaque papillote. Faire cuire 15 à 18 mn.

— Sashimi.

400 g de thon très frais, 1 concombre, 1 chou chinois, wasabi (moutarde japonaise), 2 cuill. à soupe sauce de soja.

Râper le chou et le concombre les disposer sur un plat. Couper le poisson en très fines tranches (le laisser 1 ou 2 heures au congélateur pour faciliter la découpe). Disposer le poisson par dessus les crudités. Dans un bol, mélanger une pointe de wasabi avec la sauce soja. Tremper les légumes et les tranches de thon dans la sauce.

LES VIANDES :

— Escalopes de veau en papillotes.

4 escalopes, 2 échalotes, 2 gousses d'ail, 2 œufs, 1 boîte de champignons de Paris, 1 bouquet garni, poivre.

Mixer les échalotes, l'ail, les herbes et les champignons avec les 2 œufs entiers. Mettre les escalopes de veau bien à plat. Étaler la préparation sur la viande. Rouler les escalopes. Poser chaque escalope sur un carré d'aluminium. Assaisonner et mouiller avec un filet de citron. Fermer hermétiquement les papillotes. Cuire à la vapeur 25 mn environ.

— Steaks marinés.

4 steaks, 2 louches d'eau, 1 petit morceau de gingembre frais, 2 oignons verts, 2 gousses d'ail, coriandre fraîche, 1 cuill. à soupe de sauce soja, 1 citron.

Préparer la marinade. Dans une casserole, mélanger l'eau, le gingembre râpé, l'ail pilé, la sauce soja et le jus de citron. Porter à ébullition quelques minutes. Verser cette préparation sur les steaks coupés en lanières. Ajouter les oignons verts et la coriandre finement ciselés. Laisser mariner 2 heures, en remuant de temps en temps. Faire cuire la viande sur un grill brûlant. Arroser avec la marinade.

— Poulet aux trois légumes.

4 cuisses de poulet, 1 courgette, 1 oignon, 1 gousse d'ail, 1 petite boîte de champignons de Paris, 1 navet, 3 verres de bouillon de légumes, 1 citron, thym, laurier, sel et poivre.

Allumer le grill du four. Faire dorer les cuisses de poulet, 5 mn de chaque côté. Pendant ce temps-là, couper les légumes en petits dés.

Mettre les légumes dans une sauteuse, avec le bouillon et le jus de citron. Assaisonner. Poser les cuisses de poulet sur le lit de légumes, couvrir et cuire à feu doux 1 h 15 environ. Disposer sur un plat de service le poulet et les légumes. Réduire la sauce de moitié. Napper le plat avec cette sauce juste avant de servir.

LES LÉGUMES :

— **Ratatouille.**
3 tomates, 1 courgette, 1/3 de poivron vert, 1/3 de poivron jaune, 1/3 de poivron rouge, 1 aubergine, thym, romarin, basilic, 2 gousses d'ail, 1 oignon, sel et poivre.

Peler et épépiner les tomates. Couper les légumes en dés. Les faire cuire 1/2 heure dans une cocotte à feu doux, en ajoutant l'ail pilé, l'oignon émincé et les herbes. Les légumes doivent être fondants.

— **Aubergines farcies.**
2 grosses aubergines, 2 tomates, 2 oignons, 1 boîte de champignons de Paris, 2 gousses d'ail, persil et basilic, sel, poivre.

Évider les aubergines, réserver la pulpe. Dans un mixer, mettre la chair d'aubergine, les légumes, les plantes aromatiques, coupés finement.

Assaisonner. Remplir chaque demi aubergine avec la préparation. Cuire 1 heure au four.

— ***Curry de légume.***
3 courgettes, 1/2 aubergine, 1 fenouil, 2 oignons, 2 gousses d'ail, 1/2 poivron rouge, 1/2 poivron vert, 300 g de brocolis, 1 cuill. à soupe d'huile d'olive, curry, graine de cardamome, cannelle, cumin, coriandre fraîche, sel et poivre.

Couper tous les légumes en tranches fines. Faire revenir l'ail pilé et les oignons émincés dans une sauteuse avec l'huile d'olive. Puis rajouter les autres légumes. Incorporer ensuite les épices. Mouiller avec 3 verres d'eau. Assaisonner. Laisser mijoter 1 h 30 en remuant de temps en temps. Au moment de servir, saupoudrer de coriandre fraîche ciselée.

LE SECRET DES SAUCES :

Pourquoi consacrer un chapitre entier aux sauces ? Parce qu'elles sont le meilleur moyen de relever un plat cuit à la vapeur ou à l'eau, et de donner du caractère à une salade. Lors d'un régime, les patients se plaignent souvent de la monotonie et de la fadeur des plats.

C'est la raison pour laquelle je continue à prescrire un repas normal au cours de la journée.

Il vous permet de satisfaire vos papilles tout en continuant à perdre du poids. Les quelques sauces présentées ici sont déclinables à l'infini ou presque. Elles réveillent les sens, et gardent intact le plaisir de manger, grâce à des textures, des saveurs et des odeurs diverses. Bon appétit !

PENDANT LA DIÈTE :

— **Sauce aux oignons.**
4 gousses d'ail, 1 oignon rouge, vinaigre balsamique, 1 cuill. à soupe d'huile d'olive, persil et coriandre fraîche hachés, sel et poivre.

Dans un mixeur, incorporer tous les ingrédients. Le mélange doit être onctueux. Il est parfait pour accompagner les crudités et les poissons pochés.

— **Sauce poisson.**
1 verre de bouillon de poisson, 1 cuill. à soupe de vinaigre de framboise, 2 échalotes hachées, moulin 4 baies, coriandre moulue, fleur de sel, estragon.

Dans une casserole, faire cuire les échalotes finement hachées avec le bouillon de poisson. Faire réduire de moitié. Laisser tiédir. Mixer la préparation avec tous les ingrédients, sauf l'estragon. Au moment de servir, saupoudrez d'estragon. Se marie très bien avec tous les poissons.

— Sauce au soja.

1 jaune d'œuf, 2 cuill. à soupe de sauce soja, 2 cuill. à soupe de citron vert, un peu d'eau, 1 cuill. à soupe d'huile de colza, poivre, 1/2 cuill. à café de purée de piment, coriandre fraîche.

Battre le jaune d'œuf en omelette, y incorporer doucement l'huile, puis la sauce soja. Lorsque la sauce nappe la cuillère, mélanger les autres ingrédients.

Cette sauce s'utilise avec les crudités, les salades vertes, les poissons ou les salades de viande.

— Vinaigrette allégée.

2 cuill. à soupe d'huile d'olive, 1 cuill. à soupe de moutarde, 1 cuill. à soupe de vinaigre balsamique, 2 cuill. à soupe d'eau, sel et poivre moulu, fines herbes.

Dans un bol, mélanger doucement l'huile à la moutarde. Lorsque le mélange est bien homogène, rajouter le vinaigre, puis l'eau. Saler et poivrer. Terminer en saupoudrant la vinaigrette de fines herbes finement ciselées.

Vous pouvez agrémenter également cette sauce avec de l'ail pilé ou des échalotes finement coupées.

Si vous la servez en accompagnement d'endives, remplacer l'huile d'olive par de l'huile de noix.

— **Mousseline diététique.**

1 cuill. à soupe d'huile d'olive, 1 cuill. à soupe d'huile de colza, 1 blanc d'œuf, 1 cuill. à soupe de moutarde, 2 cuill. à soupe d'eau, 1 oignon vert, sel et poivre.

Dans un saladier battre fermement le blanc en neige, avec une pincée de sel, réserver. Mélanger doucement la moutarde et les huiles jusqu'à obtention d'une sauce homogène. Rajouter l'eau, bien remuer. Incorporer doucement le blanc d'œuf battu pour ne pas le faire retomber. Disposer l'oignon vert finement coupés. Assaisonner.

Cette sauce se marie très bien avec des asperges.

— **Coulis de tomates fraîches.**

8 tomates bien mûres, 4 gousses d'ail, 1 oignon, 1 échalote, basilic, 1 pointe de purée de piment, sel et poivre.

Dans une casserole, cuire l'échalote et l'oignon hachés dans un peu d'eau. Lorsqu'ils commencent à blondir, ajouter l'ail pilé et les tomates émondées et épépinées. Laisser sur feu doux pendant dix minutes. Faire tiédir, ajouter une pointe de purée de piment et mixer.

Assaisonner le coulis avec des feuilles de basilic finement ciselées.

Ce coulis accompagne avec bonheur le poisson, ou la viande grillée. Il peut aussi relever certaines saveurs de sachets de protéines, comme les omelettes protéinées.

Lors de la phase de stabilisation vous pouvez l'utiliser sur des pâtes ou du riz.

— **Sauce vietnamienne.**

1 poivron vert, 3 gousses d'ail, 1 citron, 1 cuill. à soupe de vinaigre, 1 cuill. à soupe d'eau, 1 cuill. à café d'édulcorant, 1 pointe de purée de piment, coriandre et citronnelle fraîches.

Couper le poivron préalablement épépiné en petits dés. Ajouter l'édulcorant, le jus de citron, la purée de piment, le vinaigre et les herbes. Mixer. Mélanger les gousses d'ail pilées.

Accompagne les poissons froids ou chauds, les viandes froides, les salades de concombres...

PHASE DE STABILISATION :

— **Coulis de courgettes.**

500 g de courgettes, 3 gousses d'ail, estragon et persil hachés, 2 cuill. à soupe de fromage blanc à 0 %, sel et poivre.

Laver, éplucher et couper les courgettes en tronçons. Cuire 20 mn à la vapeur. Laisser tiédir. Ajouter l'ail pilé et le fromage blanc. Mixer. Assaisonner. Incorporer les herbes.

S'utilise avec les poissons pochés, terrines de poissons ou de légumes.

— Sauce blanquette.

1 carotte, 150 g de champignons de Paris, 1 oignon, 2 gousses d'ail, 1 navet, 1 jaune d'œuf, 1 bouquet garni, 100 g de fromage blanc à 0 %, persil haché, sel et poivre, 1/4 l d'eau.

Préparer un court-bouillon avec la carotte, le navet, l'oignon, l'ail, le bouquet garni et l'eau. Laisser mijoter 25 à 30 mn. Laisser tiédir, filtrer puis mixer les légumes. Passer les champignons émincés dans une poêle anti-adhésive. Verser le bouillon sur la purée de légumes, ajouter les champignons, et le fromage blanc battu avec un jaune d'œuf. Saler et poivrer. Au moment de servir, saupoudrer de persil.

Accompagne le veau, mais aussi les volailles.

— Aïoli allégé.

5 gousses d'ail, 1 cuill. à soupe de moutarde forte, 1 jaune d'œuf, le jus d'un citron, 3 cuill. à soupe de fromage blanc à 0 %, 1 cuill. à soupe d'huile d'olive, 1 cuill. à soupe d'eau, sel et poivre.

Dans un bol, mélanger le jaune d'œuf, la moutarde et l'huile d'olive, afin d'obtenir une mayonnaise. Ajouter l'eau et le jus de citron sans cesser de remuer. Incorporer l'ail réduit en pommade, puis terminer par le fromage blanc. Assaisonner.

— Sauce aux herbes.

1 yaourt nature, 1 citron, 1 échalote, 2 gousses d'ail, 1 cuill. à soupe de moutarde, persil, ciboulette, cerfeuil hachés, sel et baies roses moulues.

Dans un mixeur, mélanger tous les ingrédients. Vous pouvez remplacer les herbes par du cumin et du gingembre pour accompagner le poisson, la viande blanche, ou un plat de carottes.

Remplace avantageusement la vinaigrette pour les crudités.

— Dips de légumes.

300 g de chou fleur ou de brocolis, muscade, 1 jaune d'œuf, 1 yaourt, persil et ciboulette hachés, sel et poivre.

Cuire les légumes une vingtaine de minutes à la vapeur. Laisser tiédir puis mixer. Mélanger le yaourt avec le jaune d'œuf battu, ajouter à la purée de légumes, assaisonner et saupoudrer d'herbes. En accompagnement de légumes croque-au sel.

— Mayonnaise à l'avocat.

avocat bien mûr, 150 g de fromage blanc à 0 %, 1 yaourt nature, 1 jaune d'œuf, 1 cuill. à soupe de moutarde, 1 gousse d'ail, ciboulette hachée, sel et poivre.

Mélanger le jaune d'œuf et la moutarde. Réduire l'avocat en purée. Ajouter le fromage blanc et le yaourt nature. Mélanger l'ail pilé. Assaisonner et saupoudrer de ciboulette. Cette sauce convient bien aux plats de poisson, aux crustacés et aux crudités.

LA DIÉTÉTIQUE AU QUOTIDIEN

ENTRÉE :

— *Salade de thon à la tahitienne.*
150 g de thon (yellow fins), 1 citron vert, 1 concombre, 1 oignon, 1 carotte, 2 tomates, 4 cuill. à soupe de lait de coco, sel et poivre.

Couper le poisson cru et les légumes en petits dés. Réserver au réfrigérateur. Au moment de servir, ajouter le jus du citron vert, le lait de coco. Assaisonner.

En été, cette délicieuse salade peut servir de plat complet.

Attention à choisir un poisson très frais.

— *Soupe froide aux concombres.*
2 concombres, 4 yaourts natures, 3 gousses d'ail, 1 bouquet de menthe, sel et poivre. Glaçons.

Mixer tous les ingrédients ensembles. La soupe doit être parfaitement homogène. Réserver au moins deux heures à l'avance au frigo.

— *Gaspacho.*
1 poivron vert, 1/2 poivron rougi, 1/2 poivron jaune, 8 tomates, 1 concombre, 3 gousses d'ail, 1 oignon,

1 cuill. à soupe d'huile d'olive, 1 cuill. à soupe de vinaigre balsamique, 1 tranche de pain de mie, 1 œuf dur, sel et poivre.

Enlever la peau des tomates. Mixer ensemble 6 tomates, le poivron rouge, la moitié de poivron vert et du poivron jaune, le pain de mie, l'huile, le vinaigre, l'oignon et l'ail, jusqu'à obtenir un mélange onctueux. Réserver au froid au moins deux heures.

Sur une assiette, couper le reste de poivron et de tomates en petits dés. Réduire l'œuf en mimosa. Au moment de servir dans les bols, saupoudrer la soupe des ingrédients coupés.

— *Cocktail de crevettes.*
400 g de crevettes roses cuites, 1 branche de céleri, 1/2 radis noir, aneth, 4 feuilles de laitue, 1 échalote, mayonnaise d'avocat (voir recette ci-dessus), 1/2 cuill. à café de purée de piment, sel et poivre.

Hacher finement le céleri, le radis noir, l'échalote, la laitue et l'aneth. Incorporez la mayonnaise d'avocat, le piment, le sel et le poivre. Bien mélanger. Répartir les crevettes dans des coupelles individuelles et recouvrir avec la préparation. Servir bien frais.

— *Taboulé.*
150 g de semoule de couscous, 1 concombre, 2 jus de citron, 2 cuill. à soupe d'huile d'olive, 1 boîte de

217

tomates en dés, 1 poivron vert, 1 oignon, 1 botte de persil, 1 botte de menthe, sel et poivre.

Dans un saladier, mouiller la semoule avec les jus de citron, l'huile d'olive, le concombre et l'oignon râpés finement, terminer par la boite de tomates. Laisser gonfler la graine. Rajouter le poivron vert coupé en petits dés. Mélanger la préparation avec le persil et la menthe hachés très fin. Servir très frais.

POISSONS ET CRUSTACÉS :

— *Brochettes de lotte et de crevettes aux poivrons.*
200 g de chair de lotte, 150 g de crevettes roses, 4 citrons, 1 poivron rouge, 1 poivron vert, 1 oignon, 2 cuill. à soupe d'huile d'olive, coriandre fraîche, fleur de sel et baies roses moulues.

Couper la lotte en petits cubes dans un saladier, ajouter les crevettes. Assaisonner. Verser le jus des citrons et parsemer de coriandre fraîche ciselée. Laisser mariner 3 heures en remuant de temps en temps.

Préchauffer le grill. Couper les poivrons et l'oignon en dés. Sur chaque brochette, alterner les morceaux de lotte, de poivrons, les crevettes et l'oignon. Commencer et finir par le poivron. Mélanger l'huile avec la marinade et en badigeonner les brochettes. Faire cuire les brochettes au grill très chaud 10 mn, puis 20 mn à four moyen. Les retourner régulièrement.

— *Dorade au fenouil.*
1 dorade de 1,200 kg, 2 oignons, 4 bulbes de fenouil, 2 gousses d'ail, 1 verre de vin blanc sec, 1 citron, 2 feuilles de laurier, sel et poivre.

Allumer le four thermostat 7 (220°). Peler et couper l'oignon en fines rondelles. Couper les fenouils finement. Hacher les gousses d'ail. Mettre tous ces légumes dans un plat allant au four. Arroser avec le vin blanc, le citron et un grand verre d'eau. Assaisonner, ajouter les feuilles de laurier. Couvrir la préparation d'une feuille d'aluminium et faire cuire 20 mn. Pendant ce temps, préparer le poisson. Placez-le par-dessus les légumes précuits. Continuer la cuisson durant 30 mn en arrosant régulièrement avec le jus de cuisson.

— *Noix de Saint-Jacques à la sauce soja.*
12 noix de Saint-Jacques, 2 échalotes, 1 gousse d'ail, 1 citron, 3 cuill. à soupe de sauce soja, 1 cuill. à soupe d'huile de sésame, coriandre fraîche, poivre en grain.

Dans une casserole, faire doucement réduire les échalotes finement hachées avec un peu d'eau. Attention, elles ne doivent pas brunir. Réserver. Dans une poêle anti-adhésive très chaude, faire cuire les noix de Saint-Jacques avec l'huile de sésame, 2 mn de chaque côté. À la fin de la cuisson, rajouter un jus de citron, la sauce soja et l'ail. Terminer par les échalotes fondues. Assaisonner. Il est inutile de resaler ce plat, la sauce soja en contenant déjà beaucoup. Saupoudrer d'un oignon vert coupé en filaments, et de coriandre fraîche finement ciselée. Servir aussitôt.

VIANDES :

— *Rôti de veau aux herbes.*
800 g de noix de veau, 2 gousses d'ail, 2 cuill. à soupe d'huile d'olive, 2 cuill. à soupe de moutarde de Dijon, 1 boîte de champignons de Paris, 1 oignon, 3 citrons, persil, sauge, estragon, basilic et romarin, sel et poivre en grains.

Badigeonner la viande de moutarde. Faire chauffer l'huile au fond d'une cocotte, et mettre le rôti à dorer sur toutes ses faces. Quand il est bien doré, ajouter l'oignon émincé, et le jus de trois citrons. Cuire 40 mn. Rajouter un peu d'eau si nécessaire. Incorporer les champignons préalablement rincés, l'ail pilé, et le bouquet d'herbes. Assaisonner.

— *Goulash.*
800 g de viande de bœuf maigre à braiser, 2 oignons, 2 gousses d'ail, 2 carottes, 1 boîte de tomates en dés

natures, paprika doux en poudre, grains de cumin, 1 verre de bouillon de légumes (utiliser du concentré), 1 yaourt nature, sel et poivre.

Faire revenir la viande coupée en cubes dans une poêle anti-adhésive. Hacher l'ail et les oignons. Couper les carottes en rondelles. Quand les morceaux de viande sont bien dorés, les mettre dans un fait-tout avec les légumes, le paprika et le cumin. Assaisonner et couvrir d'un verre de bouillon. Laisser mijoter 2 heures à feu doux. Au moment de servir, délayer le yaourt (sans le faire cuire).

— ***Blanc de dinde au curry.***
800 g de blanc de dinde, 4 carottes, 2 gousses d'ail, 1 oignon, 1 boîte de tomates en dés, 1 citron, curry, 4 épices, gingembre frais, noix de muscade, sel et baies roses moulues.

Faire mariner le blanc de dinde avec l'ail, le citron, le gingembre finement râpé et les épices durant deux heures. Réserver au frais.

Lorsque la marinade est terminée, égoutter la viande et la faire revenir dans une marmite. Quand elle est dorée, ajouter l'oignon puis les carottes coupées en bâtonnets fins. Recouvrir de la marinade et de tomates. Assaisonner.

LES LÉGUMES :

— Macédoine d'hiver.

300 g de petits pois surgelés, 200 g de carottes, 200 g de champignons de Paris, 3 navets, 1 citron, 2 cuill. à soupe d'huile d'olive, 2 gousses d'ail, 1 branche de thym, 2 feuilles de lauriers, persil, fleur de sel, poivre.

Dans un fait-tout, faire revenir avec l'huile d'olive les navets et les carottes coupés en petits dés. Au bout de 15 mn, ajouter les champignons nettoyés, citronnés et coupés en lamelles fines. Déposer sur les légumes, le thym, le laurier et l'ail. Lorsque les champignons sont tendres, incorporer les petits pois. Laisser mijoter encore 15 mn à feu doux. Assaisonner.

— Fondue de poireaux.

5 gros poireaux, 3 oignons, 2 cuill. à soupe d'huile de colza, sel et poivre.

Émincer les poireaux et les oignons. Les faire revenir dans un fait-tout avec l'huile à feu doux. Les laisser réduire de moitié environ. Ajouter un peu d'eau si la préparation attrape. Laisser mijoter 30 mn environ. Assaisonner.

Ce plat se marie très bien avec les poissons et les crustacés.

— Tchatchouka.

1 poivron jaune, 1 poivron vert et 2 poivrons rouges, 5 tomates, 2 oignons, 2 gousses d'ail, 1 cuill. à soupe d'huile d'olive, coriandre fraîche, sel et poivre.

Épépiner et couper en fines lamelles les poivrons. Les faire fondre dans une poêle avec l'huile d'olive. Pendant ce temps plonger les tomates quelques secondes dans de l'eau bouillante afin d'en enlever facilement la peau. Les couper en petits dés.

Ajouter les oignons aux poivrons, puis les tomates. Assaisonner. Faire réduire la préparation. Incorporer l'ail. Juste avant de servir, saupoudrer de coriandre fraîche ciselée.

Ce plat se mange aussi bien chaud que froid.

LES FÉCULENTS :

— **Lentilles au paprika.**
500 g de lentilles rouges, 2 oignons, 1 gousse d'ail, un petit morceau de gingembre frais, 1 cuill. à soupe d'huile, 1/2 l d'eau, paprika, 4 graines de cardamome, coriandre fraîche, sel et baies roses moulues.

Émincer les oignons, l'ail et le gingembre. Les faire revenir rapidement dans une poêle avec un peu d'huile. Laver les lentilles et les ajouter avec le reste. Verser l'eau, une cuill. à café de paprika, la cardamome, les baies. Laisser cuire 20 mn, jusqu'à évaporation du liquide. Assaisonner. Au moment de servir, parsemer de coriandre fraîche.

— **Risotto aux légumes.**
100 g de riz rond, 2 courgettes, 1 oignon, 2 tomates, 200 g de petits pois surgelés, 2 gousses d'ail, 2 cuill. à

soupe d'huile d'olive, 1/2 l d'eau, 1 verre de vin blanc sec, persil, sel et poivre.

Dans un fait-tout, faire revenir l'oignon émincé avec l'huile d'olive. Quand l'oignon commence à dorer, ajouter le riz, puis les courgettes et les tomates coupées en petits dés. Terminer par les petits pois et l'ail. Bien mélanger.

Arroser en alternance avec une louche d'eau et une cuill. à soupe de vin. Remouiller à chaque fois que le liquide est évaporé. Assaisonner. Saupoudrer de persil.

— *Lasagnes aux légumes.*
300 g de lasagnes vertes, 2 oignons, 300 g de champignons de Paris, 2 aubergines, 6 tomates, 2 gousses d'ail, huile d'olive, noix de muscade, origan en poudre, sel et poivre.

Faire ramollir les lasagnes 8 mn dans de l'eau bouillante. Égoutter. Émincer les oignons, nettoyer et émincer les champignons. Couper les aubergines en fines lanières. Hacher l'ail. Dans un plat allant au four, alterner une couche de lasagne, une couche d'oignons, une couche d'aubergines, une couche de champignons. Saupoudrer d'ail et d'origan. Terminer par une couche de lasagnes.

À côté, préparer un coulis de tomates (voir recette ci-dessus). Verser cette sauce sur le plat de lasagnes. Faire cuire thermostat 6 (200°), durant 1 heure.

QUATRIÈME PARTIE

HISTOIRES VÉCUES
RECUEILLIES PAR CAROLINE CHARLIER-TANTY

Ce ne sont pas les orgies et les beuveries continuelles qui engendrent une vie heureuse, mais la raison vigilante qui recherche minutieusement les motifs de ce qu'il faut choisir et de ce qu'il faut éviter.

Épicure (341-270 av. J.-C.),
Lettre à Ménécée, Herrnann.

En guise de préambule :

Devine qui vient dîner ce soir

En écoutant le Dr Tran Tien parler de sa vision de l'amaigrissement, j'ai eu envie de partir à la rencontre de ses patients.

Pourquoi consacrer une partie de ce livre à des témoignages ? Il m'a semblé indispensable de comprendre la démarche des candidats au régime. J'ai voulu savoir dans un premier temps comment ils avaient vécu la diète, si le traitement leur avait paru difficile à suivre ou non, et quels avaient été les obstacles à surmonter pour réussir leur pari de perdre du poids et de maintenir leur nouvelle silhouette.

J'ai cherché également à pénétrer les arcanes de l'amaigrissement. En effet, derrière chaque kilo accumulé, se cache une histoire souvent douloureuse.

Agnès, Yael, Emmanuel, Marie et sa maman ont accepté de me parler de leur expérience. Je les remercie très chaleureusement pour le temps et la confiance qu'ils m'ont accordés.

Certains m'ont reçu chez eux, d'autres ont préféré l'environnement plus neutre d'un café, mais tous se sont livrés avec sincérité.

Ils viennent de milieux sociaux différents, ont un âge, des parcours, des attentes très divers. Quel rapport en effet entre une jeune fille de 17 ans qui sort tout juste des turbulences de l'adolescence et une femme d'une quarantaine d'années, ayant l'expérience de la vie ?

Quelle similitude pourrait-on trouver entre un jeune homme de 25 ans à peine installé dans l'existence qui nourrit de grandes ambitions artistiques, et une femme divorcée, mère de famille, salariée du service public ?

Rien *a priori*. Pourtant, chez toutes ces personnes, j'ai trouvé des points communs, des blessures cachées dans les plis de leur ancien surpoids, une prise de conscience de leurs maux, et la même certitude d'avoir relevé un défi très difficile.

Pour Yael, la clé du succès se résume en une phrase *ce que j'ai fait pour les autres auparavant, je le fais pour moi aujourd'hui.*

Cette maxime, je l'applique dans les petites choses du quotidien. Mon rapport à la nourriture par exemple a changé. Même si je suis seule chez moi, je me convie à déjeuner ou à dîner. Je ne grignote pas un sandwich, affalée sur mon canapé. Je mets la table et je déguste ce qu'il y a dans mon assiette. Lorsque je reçois des amis à manger, je ne les laisse pas debout, se débrouiller tous seuls dans la cuisine, à se débattre avec un quignon de pain et un bout de fromage. Je prends le temps de leur préparer un repas, pour leur montrer le plaisir qu'ils me font à être présents. Désormais, je fais la même chose pour moi. Je considère que je le mérite aussi. Être mon propre invité, c'est l'unique moyen de tenir mon pari et de donner un sens à ma démarche. Il est évident que si j'étais condamnée à vie à me nourrir de feuilles de salade et d'un œuf dur, je trouverais cela démoralisant. Heureusement, ce n'est pas du tout le cas. Depuis que j'ai retrouvé mon poids idéal, je peux manger normalement (c'est-à-dire avec des écarts, mais sans excès au quotidien).

Je m'oblige donc à cuisiner tous les jours. J'ai d'ailleurs en permanence un repas d'avance au réfrigérateur. Cette organisation me permet d'élaborer des repas diversifiés et équilibrés, tout en évitant la lassitude. J'adorais déjà mitonner des petits plats pour les autres. Aujourd'hui, j'apprends à le faire pour moi et à y trouver du plaisir.

Dans sa relation à la nourriture, il y a un avant et un après régime. Avant, son surpoids l'obsédait. Elle était dans la privation continuelle. Aujourd'hui, manger ne lui pose plus de difficultés. Son comportement alimentaire a changé. Certes, elle doit rester vigilante pour ne pas regrossir, mais cela ne la gêne pas. J'ai plein d'amis, j'aime sortir, j'aime la vie, et je ne veux pas être dans la frustration permanente contrairement à ce qui se passait dans la période précédente. Je sais gérer mon alimentation, me faire plaisir sans culpabilité, ni fatalisme. Ce régime, est une très belle expérience de vie. Je suis fière du résultat.

1. DES HISTOIRES DE POIDS

Derrière toute prise de poids conséquente, il y a des difficultés à être. Les kilos en trop sont à la fois une protection contre les agressions de la vie et une sorte de miroir grossissant des maux qui rongent l'âme. Les gros semblent jeter leur mal-être à la figure des autres à travers leur corps déformé, résume Marie avec colère.

Je rencontre Agnès dans un café près de la Bastille. À la voir aujourd'hui, petite blonde menue de 44 ans, on a du mal à l'imaginer trop ronde. Je la sens encore fragile, un peu impressionnée en tout cas de livrer son témoignage.

Pourtant, elle affirme avoir gagné en confiance. *Je me tiens plus droite, j'ose répliquer ou dire non. Choses que je n'aurais jamais faites il y a quelques mois.* Le café est bondé, mais entre le bruit du percolateur, et le brouhaha des conversations, elle se raconte, émue d'évoquer des passages douloureux de sa vie.

Ses problèmes de poids ont débuté en juin 2002. *De juin à septembre, j'ai pris 1,5 kg par semaine, en mangeant de manière équilibré ! Des mois de restrictions pour rien. Du coup, je m'étais faite à l'idée que je ne redeviendrais plus jamais mince.* Pourquoi cette femme qui toute sa vie a eu un poids normal, a-t-elle pris 20 kg en très peu de temps à ce moment-là de son existence ?

Il y a d'abord eu un concours de circonstances, une somme d'ennuis qui ont fini par devenir pesants en s'accumulant. Agnès est divorcée depuis 1991, mère d'un fils de 19 ans. Elle rencontre un homme en 1995 et vit tant bien que mal cinq ans avec lui. Plutôt mal que bien d'ailleurs... Mais elle l'assume financièrement jusqu'en 2001 ! C'est à ce moment-là qu'une tante impotente, qu'elle ne connaissait pas jusqu'alors, débarque dans sa vie. La vieille dame est mal en point, elle n'a aucun soutien du reste de sa famille, Agnès n'a pas le cœur de la laisser s'éteindre seule. Elle se sent responsable d'elle et culpabilise pour sa famille. *C'était une période dif-*

ficile à assumer. Je suis assistante commerciale dans une grande entreprise publique, je ne touche donc pas un salaire mirifique. J'ai commencé à avoir de gros problèmes d'argent. À cela s'ajoutait l'échec de ma vie sentimentale. Il me manquait vraiment le soutien d'un homme à ce moment-là.

En creusant un peu plus la question, Agnès se rappelle que sa mère lui a toujours reproché d'être grosse, même quand ce n'était pas le cas ; son ancien mari également... D'ailleurs quand elle portait ses 20 kg supplémentaires, sa mère n'a plus fait de réflexions : *Je correspondais enfin à l'image qu'elle projetait de moi. J'ai perdu tous mes kilos, mais elle n'a pas posé de questions. Nous n'avons jamais parlé de mon régime, ou des causes de mon surpoids.*

J'ai toujours fait trop attention à ce que les gens pensaient de moi. J'ai une sœur jumelle, nos parents nous ont confondues longtemps toutes les deux. J'ai également une autre sœur hypermince et pleine de vitalité. Ma mère nous a toujours dit à ma jumelle et à moi, que notre petite sœur était plus intelligente que nous. Je n'ai pas revu cette sœur pendant quatre ans. Je ne l'ai retrouvée que cette année.

Tout en parlant, Agnès prend conscience du poids de sa famille par rapport à son parcours et ses kilos accumulés. Elle n'avait encore jamais fait ce type d'introspection auparavant. C'est ce qui la rend encore sans doute vulnérable par rapport à sa démarche de perdre du poids. Elle sent toujours le besoin d'être accompagnée par le Dr Tran Tien dans cette longue phase de stabilisation, pour retrouver une assurance suffisante et continuer le chemin seule.

Yael, que je rencontre chez elle, est une femme célibataire également. Mais elle semble avoir un état d'esprit très différent. Indépendante volontaire, elle se définit elle-même comme, « une post-féministe ».

Je ne suis pas quelqu'un qui baisse les bras. J'ai été éduquée pour me battre. Pourtant, pour la première fois de ma vie, j'ai eu tendance à me laisser couler. Juste avant d'entreprendre mon régime avec le Dr Tran Tien, j'avais accepté mes 25 kg en trop avec un certain fatalisme. En effet, Yael tentait en vain de maigrir depuis trois ans. À cette époque, j'ai changé de vie : j'ai vécu une rupture sentimentale, j'ai déménagé et j'ai arrêté de fumer... Résultat, j'ai pris 10 kg très rapidement.

Après un voyage aux USA, où elle découvre le coaching et le sport intensif, Yael s'inscrit à un club de gym à Paris, pratique 6 heures de sport par semaine, fait très attention à son alimentation... et ne perd pas un gramme. Pire, elle continue à grossir. On lui détecte alors un problème d'hypothyroïdie et un terrain favorable au diabète. Sa mère est soignée elle-même pour cette pathologie. Son endocrinologue prescrit à

Yael des médicaments qui la rendent malade et surtout, elle lui répète sans cesse qu'elle doit limiter son alimentation. *Je ne mangeais déjà presque plus rien. Elle ne voulait pas me croire. À ce moment-là, j'ai ressenti de la haine et une grande solitude. Je savais au fond de moi que j'avais raison, qu'il ne s'agissait pas seulement d'un problème de bouffe. Mais je me battais contre des moulins à vent. Les sommités médicales — nutritionnistes, endocrinologues, diététiciens — m'enfonçaient en cherchant à me culpabiliser. J'étais totalement démunie face à mon surpoids.*

La question de l'alimentation devient alors obsessionnelle. Elle s'astreint à un régime hypocalorique vaguement équilibré, alternant de longues périodes de restrictions avec des périodes boulimiques. *Je suis montée jusqu'à 80 kg. Il m'était arrivé par le passé de prendre un peu de poids, mais je n'avais jamais eu de mal à le perdre. Là, mon poids a été un grand chambardement dans ma vie. C'est comme si inconsciemment, je n'avais plus envie de me mettre à nu, plus envie de vivre à corps perdu. Je ressentais par contre un grand besoin de me protéger. Les derniers mois avant de commencer mon régime d'épargne protéiné, j'ai vécu repliée sur moi-même. Plus rien ne me faisait plaisir. Je ne mangeais plus, je ne fumais plus et je n'avais plus de mec. Heureusement, il me restait le sport, et les sorties entre copains de temps en temps. Ça a été également une période très forte intellectuellement.* Pour compenser, Yael se jette corps et âme dans son travail. *Je suis dans un boulot de représentation. Je forme de 4 à 20 personnes par session, des directeurs d'entreprise, des chefs de services hospitaliers. Je suis donc en permanence sous le regard des gens. Si vous ne parvenez pas dans ces moments-là à oublier que vous avez 25 kg en trop, vous ne pouvez pas faire ce métier. Mon seul moyen de défense a été de me persuader que physiquement, je n'existais pas. Je n'existais que par mes compétences. Il y avait véritablement divorce entre moi, mon corps, paradoxalement effacé malgré sa pesante présence, ma tête et la nourriture, mon ennemie jurée.*

Comprenant que ses difficultés de poids ne se régleraient pas avec des praticiens qui ne prenaient en compte que l'aspect diététique du problème, Yael suit une psychothérapie. Ce travail lui permet de saisir tout le poids de l'histoire familiale sur son propre parcours. *Ma famille est d'origine polonaise. Une partie d'entre elle est morte dans les camps de concentration. Forcément, mes parents ont eu un rapport à l'alimentation influencé par ce qu'ils ont vécu dans leur jeunesse, et ils l'ont répercuté sur mon éducation. Ma relation à la nourriture a été compliquée dès le début de mon existence. Je ne pesais que 1,5 kg à la naissance, et je refusais le lait. Dans mon cas, c'est bien les soupes qui m'ont fait grandir.*

Si cette psychothérapie a permis à Yael de comprendre son histoire, elle ne l'a pas fait maigrir. Par contre, grâce à ce travail, j'ai compris que je m'aimais plutôt bien. Ça m'a beaucoup aidée lorsque j'ai commencé ma démarche avec le Dr Tran Tien.

En novembre dernier, Marie, 17 ans, a senti elle aussi le besoin de suivre une psychothérapie, vivement encouragée par sa maman, Sonia : *Inconsciemment, la guerre que je lui faisais pour qu'elle perde du poids durant toutes ces années signifiait, en fait, va voir un thérapeute. Je l'ai harcelée jusqu'à ce qu'on trouve le bon. Je pense que lorsque vous êtes trop gros, vous dites aux autres que vous allez mal avec votre corps. Quand la graisse est partie, comme c'est le cas pour ma fille aujourd'hui, il ne faut pas que les problèmes aillent se cristalliser ailleurs.*

Recroquevillée dans un fauteuil de son salon, cette toute jeune fille répond un peu sur la défensive à mes questions. Le problème de son surpoids semble être encore un sujet à vif. Tout en enroulant machinalement les boucles de sa magnifique chevelure autour de son doigt, elle déroule le fil de sa jeune histoire. *Vers l'âge de 13 ans, j'ai commencé à me sentir très mal dans mon collège. J'étais rejetée par ma classe. Je me suis mise alors à beaucoup grignoter. J'ai pris 8 kg cette année-là. J'ai essayé alors de maigrir par moi-même, sans succès. Pourtant, j'ai refusé toute aide médicale pendant deux ans.* Pour Sonia, tous les problèmes de sa fille se sont cristallisés à l'adolescence et l'on conduit à grossir. *À cette période, Marie s'est mise à faire la tête du matin au soir. Elle était vraiment mal dans sa peau, elle grignotait du matin au soir.*

C'est vrai, je n'étais vraiment pas bien. D'ailleurs, je ne veux plus entendre parler de cette adolescente que j'étais, trop grosse, boutonneuse, en colère.

Au-delà des moqueries de ses camarades et de la classique crise d'adolescence, Sonia analyse le surpoids de sa fille d'abord comme une consé-quence de la séparation des parents. *Cette rup-ture, intervenue quand Marie avait 10 ans, a été un drame pour chacun d'entre nous. La petite était très proche de son père. Après la séparation, elle ne savait plus si elle devait continuer à l'aimer ou le détester. Elle s'est mise à porter l'angoisse de ses parents, qui étaient chancelants chacun de leur côté et qui se débat-taient pour se reconstruire. La nourriture a été un refuge. Elle a compensé les bras qui lui manquaient alors. Au moment de la rupture, Marie s'est mise à grossir, puis elle a rapidement perdu son surpoids. C'est à l'adolescence, que les kilos sont devenus un vrai problème.*

Les relations entre la fille et la mère sont deve-nues très conflictuelles à cette époque. *Je pense que quelque part, je lui en voulais de son manque de réaction par rapport à son poids. Je prenais cela comme un signe de faiblesse. J'étais tiraillée entre la souffrance évidente de Marie, et mon incapacité à savoir comment*

l'aider. En fait, tant qu'elle prenait en charge l'an-
goisse de ses parents, elle ne pouvait pas faire la
démarche de perdre du poids.

Je pressens qu'aujourd'hui une relation très forte lie la mère et la fille, toujours conflictuelle mais aussi très complice.

Emmanuel est confortablement installé à une table de café lorsque je le rejoins. Il n'a que 25 ans, mais à sa manière de s'exprimer, je sens bien que le jeune homme a déjà fait un important travail sur lui-même. Lui aussi a éprouvé le besoin de suivre une analyse, pendant quatorze mois. *J'avais totalement perdu mes repères. J'étais en pleine crise de confiance. C'est à ce moment-là que mon image s'est dégradée. Pendant deux ans, je ne suis plus sorti. Moi qui adorais séduire, j'ai arrêté de me regarder. À un moment donné, j'ai eu le sentiment que je ne me ressemblais pas. Je n'étais plus un enfant, mais je n'étais pas encore celui que je suis devenu.* Une sorte d'entre deux inconfortable qui le plonge dans de véritables crises d'angoisse. Durant ces deux années de surpoids, Emmanuel n'a plus existé physiquement. *Je n'ai plus sollicité mon corps, ni dans des rapports de séduction, ni dans une activité physique.*

Scénariste, Emmanuel s'est fossilisé sur l'écriture à ce moment-là. *Je vivais seul à l'époque, je n'avais donc aucune contrainte d'horaires. Je me réveillais tard, je mangeais à n'importe quelle heure et n'importe quoi. Je travaillais beaucoup, mais de façon anarchique. Ça n'a d'ailleurs pas été une période féconde artistiquement. J'étais dans la fuite en avant perpétuelle. Je ne parvenais pas à être là. Je ne vivais pas le temps présent. Je vivais dans le passé ou dans des projections fantasmées de mon avenir.*

Pour scander ses journées solitaires, il s'octroie des pauses grignotage et prend 13 kg assez rapidement. *J'étais devenu un vrai malade des gâteaux apéritifs. Je ne faisais plus la distinction entre la faim et l'idée de la faim. Je me consolais chaque jour en me persuadant que je me rattraperais le lendemain. Mais le jour suivant, j'étais incapable de me restreindre et je culpabilisais évidemment de cette situation.* Parallèlement, lui qui était féru de basket-ball, est condamné à l'inactivité par des problèmes de dos. **J'ai été atteint du syndrome Michel Platini. Lorsque j'ai arrêté le sport, j'ai pris du poids et du gras surtout.**

Il s'enferme alors de plus en plus chez lui, s'éloignant progressivement de ses amis d'enfance. *Lorsque je devais m'absenter, je n'avais qu'une hâte, rentrer à la maison et m'enfermer à double tour. Le seul lieu qui me paraissait sécurisant c'était celui où je mangeais. En y repensant aujourd'hui, je me rends compte que ma maison symbolisait mon propre corps. J'avais en fait peur de sortir de moi-même, peur de me perdre.*

Son analyse lui permet de comprendre pourquoi il s'est laissé envahir par cette peur. *Mon père est mort quand j'avais 5 ans. Pendant dix-huit ans, je n'ai pas eu l'impression de souffrir de son absence. Nous formions alors ma mère et moi un couple très fusionnel. En fait, cet amour me phagocytait. J'ai l'impression de m'être oublié dans la relation mère-fils.*

À 23 ans, son passé le rattrape. *C'est au moment où je sortais complètement de l'enfance pour faire mes choix de vie, que je me suis avoué la mort de mon père. Je me suis retrouvé face à moi-même, et cette confrontation m'a fait peur.*

J'étais paralysé par la peur de la perte, la peur de ne pas être moi-même. Mon père était écrivain, un peu comme moi, puisque j'écris des scénarios pour le cinéma. Je me suis retrouvé très seul. Je pensais à l'époque que c'était un choix délibéré. Rétrospectivement, je me rends compte aujourd'hui combien cette solitude était pesante et subie.

Lorsqu'il regarde en arrière, Emmanuel interprète les deux années qui se sont écoulées comme une sorte de mue. *J'ai eu besoin de m'enfermer dans mon cocon. Concrètement, cela s'est traduit par un surpoids et une grande solitude. Symboliquement, je me suis entouré de graisse, comme on dresse une barrière protectrice contre les agressions extérieures.* À son rythme, enfermé dans un corps qu'il ne reconnaissait pas, il est passé du statut lourd à porter de fils unique de sa mère à celui d'homme. *Je ne suis réellement investi dans la relation avec ma copine que depuis quelques mois. Ma mère m'a beaucoup aidé, ne serait-ce qu'en soutenant ma démarche...*

2. LE DÉCLIC

Pour la plupart d'entre eux, le choix d'entamer un régime et de s'y tenir, est la conséquence d'une longue et douloureuse prise de conscience.

Mais tous montrent une détermination impressionnante, à partir du moment où la décision de reprendre possession de leur corps a été prise.

Parfois, un événement précis a été le déclencheur de toute cette démarche de réconciliation.

Agnès ne le perçoit pas autrement. *J'avais fait mon deuil de la minceur. J'étais allée voir une diététicienne sur les conseils de mon gynécologue. Au bout de trois mois, il n'y avait toujours aucun résultat. Je suivais également des séances de kiné et de drainage lymphatique. Ça a été un premier pas vers la réappropriation de mon corps. Mais les kilos étaient toujours bien accrochés. Un jour, une amie m'a parlé du Dr Tran Tien. Le régime semblait lui réussir. Au départ, j'y suis allée un peu à reculons. Je doutais qu'il puisse me faire maigrir, puisque tout le monde avait échoué* *jusque-là. J'ai pris rendez-vous dans un premier temps pour ne pas décevoir cette amie. Mon unique but était de perdre UN kilo, juste un pour recommencer à y croire. Cela faisait très longtemps que je n'avais pas eu ce genre de volonté.*

Pour Yael, le déclic a été encore plus soudain. Mon frère, qui est médecin, savait que je me battais en vain contre mon poids. Il a découvert un jour dans un magasin de diététique qui vendait des sachets de protéines en poudre, le livre du Dr Tran Tien, *Pour maigrir, il ne faut pas manger équilibré.*

Il me l'a offert. Il ne se doutait pas du cadeau qu'il venait de me faire. En lisant l'ouvrage j'ai eu l'impression que son auteur l'avait écrit pour moi. J'ai téléphoné le lendemain même au Dr Tran Tien pour le remercier, ce qui n'est guère dans mes habitudes, et pour prendre un rendez-vous. Début avril, je commandais des sachets de protéines et je commençais seule la diète d'épargne protéinée. J'ai perdu 3 kg en vingt jours, moi qui en deux ans de frustrations, n'étais pas parvenue à perdre plus de 1,5 kg... Trois semaines plus tard, j'avais mon premier entretien avec le médecin, et nous établissions notre contrat de confiance.

Je n'exagère pas en affirmant qu'il a été mon dernier espoir. Perdre du poids était devenu une question vitale. Il a été la bonne personne au bon moment. J'avais vraiment besoin de trouver en face de moi un praticien qui me croit.

Chez Marie, la décision d'aller consulter passe presque pour un non-événement. *Mes parents connaissaient le Dr Tran Tien, ce qui m'a permis de le rencontrer en confiance. En plus, mon père a commencé un régime avec lui. Il a perdu du poids. J'ai donc décidé de prendre un rendez-vous à mon tour.*

Mais pourquoi cette toute jeune fille, de 15 ans et demi à l'époque, s'est–elle résolue spontanément à consulter un médecin, elle qui s'y était toujours farouchement opposée jusqu'alors ?

A priori, aucun événement majeur n'explique cette étonnante volte-face.

Quoique... *Je me rappelle que nous avions entrepris une thérapie familiale, incluant son père, à la fin de l'année dernière*, se souvient subitement sa mère, Sonia.

Ce qui est très étonnant, c'est que Marie est restée quasiment muette au cours des séances. Mais la thérapie a dû faire son petit bonhomme de chemin dans sa tête. Trois mois plus tard, ma fille a trouvé la force de faire la démarche de maigrir. Cette prise de conscience d'elle-même, s'est d'ailleurs répercutée sur son attitude globale. Un jour, après deux ans de crise, elle est sortie de son enfermement.

Marie acquiesce timidement : *Oui, cette thérapie familiale a peut-être joué dans mon envie de maigrir.* Mais la jeune fille n'ira pas plus loin dans ses confidences sur sa décision de perdre du poids.

Elle n'a pas envie de trop se dévoiler sans doute. Peut-être également, n'a-t-elle pas encore le recul nécessaire pour appréhender tout le sens de sa démarche.

3. LE PLUS DE L'APPROCHE GLOBALE

J'ai été frappée en recueillant ces témoignages, par l'unanimité avec laquelle tous ces patients plébiscitent l'approche globale de la perte de poids proposée par l'auteur. Ils considèrent tous, sans exception, que l'écoute et la confiance sont des conditions indispensables à la réussite à long terme d'un régime.

La première fois que j'ai rencontré ce médecin, il m'a affirmé que si je suivais exactement sa prescription, je maigrirais. Il a rajouté qu'il avait besoin de moi pour que nous réussissions ensemble le régime. Le contrat de confiance était posé. À partir de ce moment-là, je n'ai plus douté. Elle n'a éprouvé aucune réticence à suivre une diète d'épargne protéinée. *Je voulais tellement réussir à perdre du poids. Le jeu en valait largement la chandelle. Se nourrir en partie avec des sachets de protéines ne lui a donc jamais paru être un obstacle insurmontable, ni gustativement, ni par rapport à sa vie sociale.*

Agnès continue à consulter tous les mois, car elle se sent encore trop vulnérable. Elle a parfaitement conscience que sa relation à la nourriture reste fragile et empreinte de culpabilité. *Je me suis mise dans la tête, que je devais passer sous la barre symbolique des 50 kg. C'est devenu une véritable obsession. Je sais bien qu'objectivement ça n'a pas de sens. À poids égal, je ne me suis jamais sentie aussi mince de ma vie.*

Mais, je ressens le besoin de résoudre cette recherche obsessionnelle du poids idéal avec le D Tran Tien. *On discute bien ensemble. Quand je me pose des questions, il m'aide à sortir les réponses qui sont au fond de moi. Je sais bien que cette volonté de descendre à 49 kg, n'est que l'illustration de ma peur de me retrouver seule. J'ai atteint mon but depuis plusieurs mois déjà et je me retrouve désormais face à un grand vide.*

Il explique les choses simplement et sans porter de jugement. C'est suffisamment rare, au vu de mes expériences passées avec des professionnels de la santé, pour être noté. Cette attitude m'a permis de me sentir moins sur la défensive.

Agnès se rappelle avec colère ses consultations chez une endocrinologue. Elle était traitée pour une hypothyroïdie et pour son surpoids. Malgré la prise de médicaments et un régime hypocalorique équilibré, elle continuait à grossir. Au bout du compte, ce médecin lui a dit : *Je n'ai qu'un conseil à vous donner, changez de vie. Vous avez un problème existentiel, je ne peux rien pour vous.*

Je me suis sentie totalement abandonnée. Ce praticien me laissait seule face à moi-même.

La réponse, c'est donc dans la prise en charge globale de son problème qu'Agnès la trouvée. *J'avais besoin non seulement d'être encadrée, mais surtout que quelqu'un comprenne mes difficultés physiques, m'écoute, et me propose une solution.*

Pour Yael, l'approche globale proposée par le Dr Tran Tien lui a apporté deux choses essentiellement. Elle lui a d'abord fournit un encadrement, et lui a ensuite donné une solution concrète à son problème de surpoids.

J'avais besoin, et c'est toujours le cas aujourd'hui, d'être soutenue dans ma démarche. Proposer un contrat moral entre le médecin et sa patiente est une approche très honnête. Il m'a permis de me sentir en confiance et surtout réactive par rapport à mon surpoids, de ne plus le subir avec fatalisme. Maigrir reste un combat avec moi-même contre le poids.

J'ai progressivement réalisé mon état de souffrance au fil des consultations. Je n'ai pas souhaité néanmoins réattaquer une psychothérapie. Je me sentais trop fragile je crois. Cependant, au fond de moi, je savais bien que mes 25 kg en trop n'avaient rien à voir avec mon alimentation.

J'ai trouvé l'écoute et l'analyse du Dr Tran Tien vraiment extraordinaires. Que vous ayez 3 ou 30 kg à perdre, il prend en compte votre mal-être et vous *déculpabilise. Quand j'ai commencé à perdre du poids, je me suis mise à avoir froid et à pleurer sans arrêt. Je me mettais à nu. Chaque kilo de graisse qui fondait, c'était un kilo de douleur qui s'envolait. Maintenant, ça y est, je m'expose.*

Yael, qui ne supportait plus de vivre avec ce corps devenu un étranger et avait fait le tour des spécialistes sans jamais trouver de solutions, retrouve enfin l'espoir.

Pendant trois mois, j'ai pris des anti-diabétiques oraux, prescrits par un endocrinologue. J'étais complètement déchargée en glucose, épuisée et toujours grosse. Mais c'est tellement plus facile de donner des médicaments à ces patients, que de comprendre leur métabolisme. Avec la méthode proposée par le Dr Tran Tien, j'ai arrêté toute médication, j'ai régulé ma glycémie, et mes kilos se sont envolés...

Lorsque je lui demande si la diète d'épargne protéinée ne lui a pas semblé trop difficile à gérer, Yael se met à rire.

J'ai recommencé à m'occuper de mon corps avant de réussir à maigrir. Comme la perte de poids, le sport m'a aidée à revivre. Ma plus grande fierté, ce n'est pas d'avoir tenu mes engagements alimentaires, mais d'avoir bravé les regards blessants des hommes et des femmes qui s'entraînent dans les salles de sports en France. Franchement, quand vous êtes capable de digérer cette humiliation et de vous assumer, consommer des sachets de protéines pendant des semaines est un plaisir. Je vivais de toute façon ce régime comme la dernière chance de retrouver mon corps. Les résultats ont été rapides. J'ai perdu 20 kg en dix mois, un vrai miracle !

Les trois premiers jours ont été peut-être un peu plus délicats, le temps sans doute que mon corps entre en cétose. Je me suis mise à manger des quantités phénoménales de légumes, à consommer des protéines, ce que je faisais très peu auparavant. Je n'ai jamais eu autant la pêche. Paradoxalement je suis devenue gourmande depuis le régime. Je ne me serais jamais permise de consommer des mousses au chocolat, ou des entremets. Avec les sachets, on peut apprécier les desserts sans culpabiliser.

Yael paniquait au début à l'idée des kilos rebonds. J'avais très peur, de ne pas parvenir à maîtriser mon corps. Mais, peu à peu, j'ai intégré un nouveau comportement alimentaire. Le deuxième contrat passé avec le Dʳ Tran Tien est essentiel pour apprendre à gérer l'après-régime. Je m'autorise des excès sans culpabiliser. Et, comme c'est très déprimant de se goinfrer avec quelque chose de mauvais, lorsque je fais un écart alimentaire, je ne choisis que de très bonnes choses. Je me fais donc vraiment plaisir. C'est très important de s'autoriser des incartades alimentaires. Il n'y a pas d'interdits, donc pas de tentations compulsives. J'ai le sentiment de choisir, non plus de subir la nourriture. Je suis par venue aujourd'hui à des relations apaisées avec l'alimentation.

Pourtant, je continue à consulter le D Tran Tien.
C'est un vrai bonheur de le voir, il est le reflet de mon
succès.*

Emmanuel ne recherchait pas vraiment une
méthode d'amaigrissement. Il a d'ailleurs suivi
un régime d'épargne protéiné très souple. Le
D* Tran Tien a surtout insisté sur la dissociation
des aliments. *Au début, j'avais une vision trop dra-
conienne de la diète. C'est le docteur qui m'a fait
prendre conscience que ma perte de poids ne devait pas
tourner à l'obsession. Nous avons beaucoup travaillé
sur le comportement alimentaire et sur la vraie notion
de plaisir. Moi qui grignotais en permanence des biscuits apéritifs et des barres chocolatées, j'ai réappris à
manger équilibré. Aujourd'hui, je cuisine de la viande
au déjeuner et des féculents le soir. Qui l'eût cru,
j'éprouve en plus un réel plaisir à préparer des plats de
légumes ou des soupes. Je mets la table, j'espace le
temps entre les plats, je n'éprouve plus le besoin d'ingurgiter la nourriture. Et surtout, je ne mange plus
seul. Parallèlement, je me suis remis au sport, je me
couche moins tard et me lève plus tôt.*

*Son alimentation et sa vie en général sont devenues
beaucoup plus équilibrées et saines depuis qu'il a rencontré ce médecin.*

*Pourtant, ce n'est pas ce qui l'a marqué le plus. Ce
que j'ai particulièrement apprécié, c'est le concept de
contrat de confiance. On a instauré une vraie relation*

humaine et spirituelle. Avant de commencer mes consultations, j'avais le sentiment très net d'une dichotomie entre ma tête et mon corps. Je véhiculais le discours mensonger que seul l'esprit est important. Avec le D' Tran Tien, nous avons beaucoup parlé de cette dissociation. Il m'a aidé à me recentrer sur moi-même, à réhabiter ce corps que j'avais totalement ignoré pendant deux ans.

Le régime a été un déclencheur, il m'a permis de revenir au cœur du sujet, c'est-à-dire moi-même. Le cycle de mes angoisses s'est ouvert par la peur de l'avenir, de moi-même... Il s'est achevé par un grand sentiment d'unité retrouvée, d'amour et de plaisir.

Emmanuel est parfaitement conscient que d'apprendre à s'aimer ne vous plonge pas dans un bonheur béat pour l'éternité. *Cependant, cette notion de compassion pour moi-même m'a appris à ne plus culpabiliser pour tout mon travail, mon alimentation, mon personnage... Aujourd'hui, je me suis rendu compte que j'étais capable de mener de front plein de choses à la fois. Tout n'est pas toujours rose dans ma vie mais, désormais, rien n'est plus insurmontable.*

La demande de Marie était très ciblée. Elle voulait perdre les 8 kg qui lui gâchaient la vie, point. Comme la jeune fille de 15 ans à l'époque avait terminé sa croissance, elle a pu suivre une diète d'épargne protéinée. *Le régime a été efficace.*

dans mon cas, parce que je l'ai vécu comme un traite-
ment. Ce n'est pas toujours facile quand on est au
lycée de manger des sachets de poudre protéinée. Mais
j'étais tellement déterminée à réussir ! Nous avons
décidé de commencer le régime pendant les vacances de
Pâques. J'ai perdu 3 kg en deux semaines, ce qui m'a
beaucoup encouragée à continuer. À la rentrée, je me
suis organisée pour rentrer chez moi à midi. Avant les
vacances d'été, j'ai fait une pause d'un mois dans mon
régime.

Sur les conseils du Dr Tran Tien, je n'ai parlé de
ma démarche à aucune de mes camarades, je ne voulais
pas entendre leurs réflexions. Cela m'a permis d'assu-
mer ma perte de poids plus facilement. Il avait raison.
Lorsque je suis partie en juillet avec mes copines, ron-
des elles aussi, elles nous ont regardés bizarrement,
mes sachets et moi. Mais, je n'ai pas failli. Ma famille
par contre m'a beaucoup encouragée.

La jeune fille n'a pas été sensible à la notion
d'association patient-médecin : *Je n'ai pas eu*
l'impression de passer un contrat, mais plutôt de cher-
cher une solution avec lui. Il a accepté mes silences, ma
tendance à occulter, en m'affirmant que ce n'était pas
grave. Cette attitude m'a permis au final de me regar-
der en face et d'admettre mes problèmes de poids.

Pour la maman de Marie, le fait que le
Dr Tran Tien n'ait pas porté de jugements culpabilisants sur sa fille et surtout qu'il n'ait pas
adopté une position paternaliste, la laissant res-

ponsable de sa perte de poids, a été primordiale dans le succès du régime. *Il l'a laissée maître de ses choix.*

4. COMMENT VIT-ON L'APRÈS-RÉGIME ?

Les témoignages que j'ai recueillis confirment bien que la phase de stabilisation est une période particulièrement délicate. Le but initial de perdre du poids est atteint, et ensuite ?

Ensuite, il faut apprendre à vivre avec ce corps retrouvé, réapprivoiser son image, se reconnaître et se faire reconnaître des autres. Si Yael et Emmanuel semblent avoir fait ce chemin là, Marie et Agnès sont encore fragiles.

Mais, un régime réussi, c'est aussi une brassée de légèreté.

C'est la satisfaction de rentrer à nouveau dans des jeans ou dans une robe moulante, et c'est surtout le plaisir retrouvé de la séduction et de l'assurance.

Yael le répète à plusieurs reprises, perdre du poids était devenue une question vitale. Elle vit donc aujourd'hui son corps retrouvé avec beaucoup de bonheur. Il y a un avant et un après-régime. *Ma vie sociale est aujourd'hui plus dense. Perdre du poids m'a permis de faire le tri dans mes connaissances. Je sais maintenant qui sont mes vrais amis. Ce sont ceux qui ont accepté, soutenu mon combat, qui ont continué à m'inviter, avec mes sachets et mes légumes. D'autres m'ont dit qu'ils me reverraient lorsque j'aurais repris une alimentation normale !*

Le changement met les autres face à leurs propres échecs. Certaines personnes n'ont pas supporté que je réussisse. Aujourd'hui, ce sont des gens que j'ai arrêté de voir. Il s'est passé le même phénomène avec les cigarettes. Je ne fume plus depuis deux ans. Pourtant, on continue encore à m'en offrir. Il est très difficile de changer son image dans le regard des autres.

Depuis le régime, Yael se sent plus sûre d'elle dans ses relations sociales en général. *Lorsque j'étais ronde, je disparaissais derrière mes compétences professionnelles. Depuis, je n'hésite pas à me mettre en avant. J'ai toujours aimé les jeux de séduction, mince ou ronde. J'ai la chance de bien m'aimer et d'être entourée par ma famille et par de vrais amis. Mais j'avoue que la confiance physique est une alliée précieuse et rassurante dans tous les domaines.*

J'ai toujours su qu'en faisant un régime, ma vie amoureuse n'allait pas devenir subitement rose. Cependant, si un régime n'apporte pas la solution, il simplifie tout de même la première approche.

Globalement, perdre mes kilos si bien accrochés m'a permis de me recentrer sur moi-même. Je suis plus narcissique, mais au bon sens du terme je crois. Je prône haut et fort que j'existe, alors qu'auparavant, ma vie était orientée sur les demandes des autres. Cette nouvelle façon de penser ma vie peut passer par des gestes très anecdotiques. J'ai changé ma garde-robe au fur et à mesure. En fait, je me fais un point d'honneur de venir habillée avec un vêtement neuf chaque fois que je consulte le Dr Tran Tien. C'est une manière de le remercier. Je me sens en cohérence avec le régime. Lorsque j'étais trop ronde, je n'achetais plus rien dans les boutiques. La vente par correspondance a dû être inventée pour les gros… Aujourd'hui que j'ose entrer dans les magasins, cela me semble encore étrange d'entendre la vendeuse dire que tel pantalon, telle chemise me vont bien. C'est une sacrée piqûre de rappel pour l'ego.

Mais je ne renie pas du tout ce que j'ai été. J'ai gardé certaines de mes anciennes fringues, par superstition, pour me rappeler que j'ai gagné.

Yael m'apporte une photo d'elle prise deux ans auparavant. C'est un petit portrait où j'ai du mal à la reconnaître. C'est la première fois que je ne me reconnais pas non plus. Mais cette femme sur la photo m'inspire beaucoup de sympathie. Elle n'a pas l'air heureuse. Je ne la renie pas du tout, mais c'est bien qu'elle soit partie de ma vie.

Le régime a été une très belle expérience de vie. J'ai beaucoup appris sur mon rapport à moi-même, sur mon rapport aux autres.

Histoires vécues

Ma plus grande fierté est d'avoir osé refaire du sport lorsque j'avais trop de poids. Je suis très contente et fière d'avoir réussi à maigrir et d'avoir retrouvé les vrais plaisirs de l'existence.

J'ai tendance à conseiller ce régime autour de moi, je ne sais pas si cela convient à tout le monde. Je suis persuadée en tout cas qu'il est fait pour tous ceux qui ont déjà tout essayé et qui n'y croient plus. Je sais que ça marche !

Conclusion

Un confrère m'a un jour posé la question suivante :

— Mais, ça ne te lasse pas d'écouter et de répéter tous les jours la même chose ?

— Et toi qui joues au golf, lui répondis-je, tu n'es pas las de répéter tout le temps le même geste ?

En fait, il est important au golf de reproduire le même geste, mais c'est la trajectoire de la balle à chaque fois différente qui compte et qui rend ce sport intéressant.

D'une part, je ne redis pas toujours la même chose à mes patients, je les écoute et je leur parle.

D'autre part, sans vouloir les comparer à des balles de golf, à force d'écoute, j'ai appris que chaque personne a sa trajectoire propre, et que chaque histoire est unique.

Fauré nous a enseigné que *sans le travail qui est art, l'inspiration n'est rien.*

Au moment d'achever cet ouvrage, je remercie du fond du cœur tous mes patients qui m'ont appris l'écoute et la patience.

Cette écoute et cette patience m'ont permis aussi d'être présent dans ma vie. Elles m'ont donné l'inspiration qui fait que je perçois aujourd'hui pleinement le sens de la phrase *la médecine est un art.*

Annexes

Pour 100 g d'aliments

Protides, glucides et lipides sont exprimés en grammes.

ALIMENTS	CALORIES	PROTIDES	GLUCIDES	LIPIDES
VIANDES				
Bœuf	250	17		20
Mouton	248	17		19
Agneau	280	16		24
Veau	168	19		10
Porc	290	16		25
Volaille	130	15		8
Jambon cuit	302	22		22
Saucisse	230	15		15
ŒUFS				
De poule	162	13		12
De cane	190	13		15
POISSONS				
Anchois	160	20		9
Cabillaud	68	16		
Carrelet	65	15		

ALIMENTS	CALORIES	PROTIDES	GLUCIDES	LIPIDES
Colin	86	17		2
Dorade	77	17		
Flétan	75	18,5		5
Hareng	122	17		6
Maquereau	178	14		8
Merlan	69	16		
Morue	107	26		
Sardine	174	21		10
Saumon	114	16		8
Sole	3	16		1
Thon	225	27		13
Truite	94	22		7
Turbot	118	16		6
Coquillage	65	12,5		1,5
Crustacé	85	17,5		1,5
Grenouille	77	16,5		
PRODUITS LAITIERS				
Lait entier	68	3,5	5	4
Lait 1/2 écrémé	52	3,5	5	1,7
Lait écrémé	36	3,5	5	
Yaourt	45	3,5	5	1,5
Beurre	752			84
FROMAGES				
Pâtes molles (brie, camembert)	250	18		19
Pâtes dures (gruyère)	350	27		23
À moisissures (bleu ou roquefort)	405	23		35
CÉRÉALES ET DÉRIVÉS				
Farine de blé	288	10	72	
Farine de sarrasin		323	10,5	65
Pain complet	239	8	49	

Table des calories

ALIMENTS	CALORIES	PROTIDES	GLUCIDES	LIPIDES
Pain blanc	255	7	55	
Pain de seigle	241	7	51	
Biscotte	362	10	75	
Semoule	375	12,8	76,5	
Brioche	366	7	40	22
Madeleine	490	5,5	63	24
Boudoir	388	6	82	4
Petit-beurre	420	5,6	77	10
Biscuit aux amandes	446	6,6	73	14
Riz brun	350	8	77	
Riz blanc	354	7,6	78	
Maïs	354	9,5	69	
CORPS GRAS				
Graisse animale	886			98
Huile végétale	900			99
Margarine	752			63,5
LÉGUMES				
Artichaut	40	2	16,5	
Asperge	25	2,4	3,6	
Aubergine	29	1,3	5,5	
Betterave	40	1,6	8	
Carotte	42	1,2	9	
Céleri	13	13	3,7	
Champignon de Paris	28	2,4	4	
Chou-fleur	30	2,4	4,9	
Citrouille	31	1,3	6	
Concombre	12		2	
Endive	20	16	3	
Épinard	25	2,3	3,2	
Haricot vert	39	2,4	7	
Navet	29		6	

ALIMENTS	CALORIES	PROTIDES	GLUCIDES	LIPIDES
Poireau	42	2	7,5	
Pois	70	4	12	
Poivron	22	1,2	3,8	
Pomme de terre	76	1,4	81	
Radis	20	1,2	4,2	
Salsifis	77	4	12,5	
Tomate	22	1	4	
FRUITS				
Abricot	44		10	
Ananas	51		12	
Banane	90	1,4	20	
Cerise	77	1,2	17	
Fraise	40		7	
Mandarine	40		9	
Orange	44	1,1	9	
Pamplemousse	43		9	
Pastèque	30		6,7	
Pêche	52		12	
Poire	61		14	
Pomme	52		12	
Pruneau	290	2,3	70	
Raisin	81	1	7	
FRUITS SECS				
Amande	620	20	17	54
Cacao	505	21	40	29
Noisette	656	14	15	60
Noix	660	15	15	60
Olive	175	1,2	5	18
Pistache	630	21	15	54

Table des calories

ALIMENTS	CALORIES	PROTIDES	GLUCIDES	LIPIDES
LÉGUMES SECS ET DÉRIVÉS				
Haricot sec	330	19	60	
Lentille	336	24	56	
Pois chiche	361	18	61	
Pois sec	340	23	60	
Soja en grains	422	35	30	18
SUCRE ET PRODUITS SUCRÉS				
Bonbons	378		94	
Confiture	280		70	
Miel	400		75	
Sucre	400		100	
BOISSONS				
Bière	378	4	40	2,4
Limonade ou soda		48		12
Vin rouge à 10°	65		14	

TABLE DES INDEX GLYCÉMIQUES

L'index glycémique évalue la vitesse d'assimilation des glucides d'un aliment. Il permet de les classer en sucres rapides ou en sucres lents.

— **Aliments à index glycémique élevé :**

Glucose	100
Biscotte	97
Pain blanc	95
Carotte	92
Corn Flakes	92
Miel	87
Sucre de table	82
Pomme de terre	81
Biscuit	75

— **Aliments à index glycémique moyen :**

Maïs	72
Riz blanc	72
Betterave	68
Petit pois	68
Raisin	64
Banane	62
Pâtes blanches	60

— **Aliments à index glycémique bas :**

Céréales complètes	50
Riz complet	50
Pain intégral	48
Fruit frais	30 à 45
Pâtes complètes	42
Laitage	40
Yaourt	36
Lait	33
Lentille, pois chiche	32
Légume	15

LISTE DES ALIMENTS AUTORISÉS
DURANT LA PHASE D'AMAIGRISSEMENT

Viandes maigres :

— Bœuf : faux-filet, onglet, bavette, rumsteck, rosbif, tournedos, steak haché à 5 % de MG, collier, macreuse, jarret.
— Veau : escalope, filet, jarret, noix de veau, poitrine, épaule, côte.
— Porc : filet, filet mignon, jambon cuit.
— Volailles maigres sans la peau : poulet, pintade, dinde, dindonneau.
— Cheval, lapin, autruche.
— Abats maigres : cœur, foie, ris de veau, tripes, pointes de langues

Poissons maigres :

— Poissons : barbue, brochet, cabillaud, carrelet, colin, congre, dorade, églefin, éperlan, espadon, flétan, goujon, haddock, julienne,

lieu, limande, lotte, loup, merlan, merlu, morue, perche, raie, rascasse, requin, rouget grondin, roussette, Saint-Pierre, sandre, sole, tanche, thon (sauf thon rouge), truite de rivière, turbot.
— Fruits de mer : huître, praire, palourde, crabe, langouste, gambas, langoustine, homard, moule, coque, calamar, seiche, bigorneau, bulot, clams, coquille Saint-Jacques, crevette.

Légumes verts :

Salade, radis, haricot vert, chou vert ou rouge, chou fleur, brocolis, tomate, poireaux, endive, épinard, blette, courgette, poivron vert, aubergine, fenouil, cardon, céleri branche, champignon, asperge, oseille, concombre.

INDICE DE MASSE CORPORELLE OU IMC

L'IMC, barème reconnu par tous les professionnels de santé, n'est donné ici qu'à titre indicatif. On considère qu'un IMC compris entre 20 à 25 correspond à un poids normal. Un IMC supérieur à 30, traduit une obésité.

Comment le calcule-t-on ?

$$IMC = \frac{\text{Poids en kg}}{\text{Taille}^2 \; \text{Taille (en m)}}.$$

Mais, l'IMC n'est pas une vérité incontournable. Une femme peut très bien être dans la norme, et désirer perdre quelques kilos. C'est souvent le cas des femmes gynoïdes, c'est-à-dire minces du haut du corps et corpulentes du bas. Leur demande ne doit pas être négligée.

271

TAILLE (M)	POIDS (KG) FEMMES	POIDS (KG) HOMMES
1,50	43 – 54	45 – 56,2
1,52	43,8–55,4	46,2–57,8
1,54	45–56,1	47,4–59,3
1,56	46,2–58,4	48,7–60,8
1,58	47,4–59,9	49,9–62,4
1,60	48,6–61,4	51,2–64
1,62	49,8–62,9	52,5–65,6
1,64	51,1–64,5	53,8–67,2
1,66	52,3–66,1	55,1–68,9
1,68	53,6–67,7	56,4–70,6
1,70	54,9–69,3	57,8–72,2
1,72	56,2–71	59,2–74
1,74	57,5–72,6	60,6–75,7
1,76	58,8–74,3	62–77,4
1,78	60,1–76	63,4–79,2
1,80	61,5–77,7	64,8–81
1,82	62,9–79,5	66,2–82,8
1,84	64,3–81,2	67,7–84,6
1,86	65,7–83	69,2–86,5
1,88	67,1–84,8	70,7–88,4
1,90	68,5–86,6	72,2–90,2

GLOSSAIRE

— **Acides aminés :** Les protéines des aliments sont constituées d'acides aminés. Pour éviter des carences en acides aminés indispensables, il faut associer protéines animales et protéines végétales. Les acides aminés sont capitaux pour le bon fonctionnement des organes et des muscles, dont le cœur.

— **Acides gras :** Ils constituent avec les glucides une source d'énergie primordiale. Ils proviennent de la dégradation des glucides ou des lipides alimentaires. Les acides gras insaturés se divisent en deux catégories. Les acides gras mono-insaturés qui réduisent le mauvais cholestérol sans abîmer le bon. Ils se trouvent dans les huiles d'olive, de colza et de tournesol. Les acides gras poly-insaturés sont présents dans l'huile de poisson, de pépin de raisin, ou de colza. Ils ont une action bénéfique sur le mauvais cholestérol mais réduisent également le bon cholestérol.

Les autres acides gras sont dits saturés. Les produits laitiers et la viande en sont riches. Pour une alimentation équilibrée, il est nécessaire d'alterner les sources d'acides gras.

— **Compassion :** J'utilise ce terme dans le sens de la faculté à aimer et à comprendre des émotions, avec lucidité. Les psychothérapeutes parlent d'empathie.

— **Compulsion alimentaire :** C'est une impulsion plus ou moins irrésistible vers des aliments, sucrés principalement. La compulsion prend un caractère pathologique lorsque la culpabilité éprouvée supplante le plaisir recherché.

Grignotage : Remplissage pour combler l'ennui ou la solitude. Peut être le signal d'un état dépressif.

Boulimie : Impulsion incontrôlable de remplissage par les aliments. Comportement très brutal et autodestructeur. Est la négation du plaisir. Nécessite une prise en charge psychologique.

— **Index glycémique :** Évalue la vitesse d'absorption des glucides contenus dans les aliments. Permet de les classer en sucres rapides (index glycémique élevé) ou en sucres lents (index glycémique bas). Un sucre lent met du temps à passer dans le sang. La glycémie – taux de sucre dans le sang – est assez faible. On dit alors que cet aliment a un index glycémique faible.

— **Insuline :** Hormone sécrétée par le pancréas. Elle régule le taux de sucre dans le sang, et stocke la graisse dans le corps. C'est l'hormone de la lipogenèse, c'est-à-dire de la fabrication de la graisse.

— **Nutriments :** Ce sont les substances indispensables au fonctionnement de l'organisme. Pour vivre, nous avons besoin de protéines, de glucides, de lipides, d'eau, de vitamines et d'oligo-éléments. Les fibres ne sont pas considérées comme des nutriments.

Les glucides : Ils sont le carburant de l'organisme. Lorsque nous consommons des glucides, soit nous les utilisons directement sous forme de glucose, soit nous les stockons dans le foie et les muscles, sous forme de glycogène, pour un usage ultérieur. Le glycogène constitue une réserve d'une quinzaine d'heures. Si nous mangeons vraiment trop de sucre, le surplus se transforme en graisse.

Les sucres rapides (à fort index glycémique), comprennent le glucose, le fructose, le saccharose (le sucre de canne ou de betterave). On les reconnaît à leur goût sucré et à leur vitesse d'absorption. Ils n'ont pas à être préalablement digérés par l'organisme.

Les sucres lents, sont constitués par les féculents, les légumes secs et les céréales. Leur processus de digestion est plus long que pour les sucres rapides.

Les lipides : Ils ont un rôle essentiel à jouer dans notre organisme. Même au cours d'un régime, on ne peut s'en passer totalement. Les graisses participent à la régénération des tissus, au fonctionnement des tissus nerveux et du cerveau. Elles servent à transporter certaines vitamines, les vitamines A, D, E et K. Enfin, le corps ne synthétise pas tous les acides gras essentiels. Ils doivent donc être apportés par l'alimentation.

Les lipides de notre alimentation sont des triglycérides, c'est-à-dire qu'ils sont constitués d'une combinaison de glycérol et de trois acides gras. Ils proviennent des graisses animales (beurre ou crème), ou des huiles végétales. Ils sont également fabriqués dans le foie à partir de glucose.

Lors d'un régime hypocalorique d'épargne protéiné, l'organisme fabrique des corps cétoniques. Cette fameuse cétose n'est en fait que la capacité du corps à utiliser les graisses, à la place des glucides qu'on ne lui fournit plus.

Les protéines : Elles sont les briques de notre organisme. Elles sont présentes dans les cellules de notre organisme : dans les muscles, le foie, les reins, les viscères, la peau... L'élément de base de la protéine, ce sont les acides aminés. Il y en a huit que notre corps ne sait pas synthétiser. Ils doivent donc être apportés par l'alimentation.

Pour que les organes restent en bon état, il faut leur fournir des protéines quotidiennement, car l'organisme ne les stocke pas, contrairement aux graisses. En cas de carence absolue de protéines, les tissus s'usent, la masse musculaire fond.

Il y a deux types de protéines, les protéines animales, toujours associées à des lipides (viandes, poissons, œufs, laitages), et des protéines végétales liées à des glucides (céréales, légumes secs, féculents).

Durant un régime d'épargne protéiné, l'organisme transforme les acides aminés des protéines du muscle en glucose. C'est le processus de la néoglucogénése qui permet au corps de compenser l'absence d'apports de glucides et de fonctionner normalement. Pour qu'il n'y ait pas de fonte musculaire, il faut compenser la néoglucogenése par l'apport de protéines.

— **Valeur biologique et facteur limitant :** Le facteur limitant permet de calculer le déficit en acides aminés indispensables d'une protéine.

La valeur biologique détermine l'efficacité d'une protéine par rapport à son déficit en acides aminés indispensables. L'œuf est considéré comme la protéine de référence, sa valeur biologique étant de 100. Il a donc une composition équilibrée en acides aminés indispensables.

Valeur Biologique = 100 − Facteur Limitant.

Exemple : la valeur biologique de la viande de bœuf est de 100 − 30 (facteur limitant dû à un déficit en méthionine) = 70.

BIBLIOGRAPHIE

— **Ouvrages généraux :**

HARRISON T. R., *Principes de médecine interne,* Flammarion, ■■ ; *Petit Larousse de la médecine,* Larousse, 2002.

— **Ouvrages sur la nutrition et la diététique :**

ADRIAN J., BERNIER J.-J., GUY-GRAND B., MOUTON A., PASCAL G., PYNSON P., RIGAUD D., *Nutrition à la carte, de l'aliment au métabolisme,* Institut Danone, 1993.

APFELDORFER G., *Maigrir, c est fou !,* Odile Jacob, 2000.

ATKINS R. C., *La révolution diététique du Dʳ Atkins,* Buchat-Chastel,1975.

ATKINSO C., *Cuisine pour rester mince,* La Cuisine illustrée, 1999.

BLACKBURN G. L., BRAY G. A, *Management of Obesity by Severe Calories Restriction,* PSG Publishing CO., Littleton, Mass, USA, 1985.

CORCOS M., *Le corps absent. Approche psychosomatique des troubles des conduites alimentaires,* Dunod, 2000.

DUFOUR A., *Régimes, toute la vérité. 101 idées fausses et ici réponses justes,* Hachette, 2003.

FRICKER J., *Le guide du bien maigrir,* Odile Jacob, 1993.

MONTIGNAC M., *Savoir gérer son alimentation ou comment maigrir en faisant des repas d'affaires,* Artulen,1989.

NOËL A., *Les sauces diététiques,* Edᵒ SAEP, 1990.

RICHE D., *L'alimentation du sportif en 80 questions,* Vigot, 2002.

SHELTON H., WILLARD J., OSWALD J., *The original natural hygiene weight loss diet book,* 1968.

SHELTON H., *Les combinaisons alimentaires et votre santé,* Le Courrier du livre, 1968.

SMOLLER and coll., *Popular and very low calories in the treatment of obesity,* Aspen Publications, 1988.

STORA J.-B., *Quand le corps prend la relève,* Odile Jacob, 2000.

TRAN TIEN CHANH, BOTTET B., *Pour maigrir, il ne faut pas manger équilibré,* Michel Hagège, 2000.

VALÉRIE ANNE, *Le grand livre de la cuisine légère à la maison,* Succès du livre, 1986.

WAYSFELD B., *Le poids et le moi,* Armand Colin, 2003.

WEIGHT WATCHERS, *Le nouveau livre gourmand,* Belfond, 1993.

ZERMATI J.-P, *La fin des régimes,* Hachette, 1998.

— **Articles :**

ALBERT K. G. M. M., GRIES F. A., *Management of non-insulin dependant diabets militus in Europe : a concensus view,* Diabetic Med, 1988, 5, 275-281.

AMATRUDA and coll., *Vigorous supplementation of a hypocaloric diet prevents cardiac arrythmias and mineral depletion,* Am J Med, 74, 1016, 1983.

APFELBAUM M. and coll., *Low and very low calorie diets,* Am J Clin, Nutr. (suppl.) 45, 1126, 1987.

APFELBAUM M., BOSTARRON J., LACATIS D., *Effects of calories restriction and excessive calorie intake on energy expenditure,* Am J Clin, Nutr., 24, 1405-1409, 1971.

BALKAU B., CHARLES M. A. and the European Group of the Study of Insulin Resistance (EGIR). *Frequency of the WHO metabolic syndrome in European cohorts, and an alter-*

Bibliographie

native definition of an insulin resistance syndrome, Diabetes Metab., 2002, 28, 364-376.

BLACKBURN G. L., LIDNER P. G., *Multidisciplinary approach to obesity utilizing fasting by protein-sparing therapy,* Obesity Bariatric Med., vol. 5, n° 6,1976, 198-216.

BLACKBURN G. L., PALGI ■. and coll., *Multidisciplinary treatment of obesity with a protein-sparing modefied fast,* Am J Public Health, 75, 1190, 1985.

CONSEIL SUPÉRIEUR DU DIABÈTE, *Diabète sucré : prise en charge, traitement et recherche en Europe,* La Déclaration de Saint-Vincent et son Programme (adaptation française par le Conseil supérieur du diabète), Diabète Metab., 1992, 18, 329-377.

JENKINS D. J. A., *Dietary carbohydrates and their glycemic responses,* Jama, 21, 2829-2831, 1984.

McCARTH M. F., *A paradox resolved : the postprandial model of insulin resistance explains why gynoide adiposity appears to be protective,* Med. Hypotheses, 2003, 61 (12), 173-176.

RAISON J., *Le syndrome métabolique, une définition pas si vague. Nutritions et facteurs de risque,* novembre 2003, n° 1, 22-24.

TCHERNOF A., POEHLMAN, ■■, DESPRES J.-P, *Body fat distribution, the menopause transition and hormone replacement therapy,* Diabetes Metab., 2000, 26, 12-20.

VAGUE P., *Aspects cliniques et thérapeutiques : reconnaître et traiter le syndrome polymétabolique. Nutritions et facteurs de risque,* novembre 2003, n° 1, 2529.

VERMEULEN A., *Effects of a short-term (4 weeks) protein-sparing mod lied fast on plasma lipids and lipoproteins in obese women metabolism,* 1996 Jul., 45 (7), 908-914.

VINDREAU C., GINESTAT D., *Boulimie sucrée, boulimie salée, profils émotionnels et statut pondéral,* L'Encéphale,1989, n° 15, 233-238.

TABLE DES MATIÈRES
MINCIR, LES CLÉS DE L'ÉQUILIBRE

Table des matières

PARTIE IV. HISTOIRES VÉCUES

Imprimé en France
par MD Impressions
73, avenue Ronsard, 41100 Vendôme
Mai 2008 — N° 54 587